И. М. Панајотопуло
СЕДАМ УСНУЛИХ МЛАДИЋА

Библиотека
ХИПЕРИОН

Уредник
ИВАН ГАЂАНСКИ

Са грчког превеле
НИКИ РАДУЛОВИЋ
ИФИГЕНИЈА РАДУЛОВИЋ

Издавање ове књиге помогла је
Фондација Косте и Елени Урани
из Атине.

И. М. ПАНАЈОТОПУЛО

СЕДАМ УСНУЛИХ МЛАДИЋА

Роман

РАД

ГРЧКИ ХОРИЗОНТИ И ЉУДСКА ЖЕЂ И. М. ПАНАЈОТОПУЛА
(1901–1982)

После Првог светског рата Атина је постала жива и динамична интелектуална престоница целокупног грчког света. У њу су се већ пре тог рата пресељавале многе породице да у престоници школују децу, као што су, на пример дошли родитељи каснијег великог песника Јорга Сеферија из Смирне у Малој Азији, или И. М. Панајотопула из места Етолико западно од Атине. Наравно, после несрећног исхода малоазијских збивања 1922. године, досељеници су хрлили у копнену Грчку, од севера до југа. Оснивани су нови градови, названи по старом завичају – Неа Јонија, Неа Смирни и др. Та места постоје и данас, иако су многи заборавили, или и не знају, праве разлоге њиховог давног настанка.

Млади, амбициозни И. М. Панајотопуло се од 1910. године школовао се у Атини, где је завршио Философски факултет. Једва да је постао пунолетан, а већ је с неким својим истомишљеницима и вршњацима основао и издавао часопис „Муза" у коме су желели да се изразе као генерација (1920). Следеће године одржао је беседу „Песничко дело Косте Паламе", која је објављена као његова прва критика, а многе студије и књижевне критике објављивао је касније целог свог живота. Неки модерни грчки аутори (нпр. Лино Полити) посматрају га превасходно као књижевног критичара.

Најраније књижевне амбиције И. М. Панајотопула ипак су биле у домену поезије. Почињући као неоромантичар у поетском делу *Мирандина књига* (1924), доста брзо је променио кључ свог песничког израза у симболистичкој књизи *Лирске скице*.

После Другог светског рата напустио је у поезији импресионизам и објавио неколико друкчијих поетских књига: *Алкиона* (1949), *Зодијачки круг* (1952) и *Прозор према свету* (1962). Ова последња књига преведена је на француски, а целокупно песничко дело И. М. Панајотопула објављено је под једноставним насловом *Песме* 1970. године у „Издању пријатеља".

Водећи италијански стручњак за савремену грчку књижевност Марио Вити наглашава да је песнички пут и развој И. М. Панајотопула био обележен од самог почетка жарком жељом да се у брижљиво израђен књижевни језик преведу стања душе која су други аутори изражавали на једноставан и искрен начин. „Он није успео да постигне синтезу која би била истинско прекорачење, синтезу способну да помири оно што ниједан песник тих година није успео да помири: патњу због свакодневне фрустрације и жељу да је конкретизује на плану уметности". Вити закључује да ипак треба одати признање Панајотопулу што је био један од ретких песника своје генерације који је уочио „зјапећу празнину, болан расцеп који раздваја егзистенцију од песничког израза". У уводном, аутобиографском излагању у својој књизи сабраних песама из 1970. године сам песник је објаснио кроз какве је муке и недаће пролазио мењајући свој дотадашњи песнички израз новим формама, док није срушио препреке које су га заузавале у песничком стваралаштву. Очигледно је да су грчки песници, као Панајотопуло, у трећој деценији двадесетог века у својим песничким трагањима припремили појаву модерне поезије за коју је био заслужан највише Јорго Сефери. Скоро три деценије касније, 1955. године, Панајотопуло је, у шестом тому својих критичких разматрања *Људи и дела*, писао о компаративним вредностима и искуствима „грчког и страног", с посебним нагласком на недовољности симболизма код Грка и у Грчкој. Директна везаност симболизма за „нордијски климат", како каже Вити, створила је атмосферу инкомпатибилну са медитеранском природом и грчким сунцем. „Тако је симболизам, схваћен ортодоксно, имао тешкоћа да се имплантира на тло Атике", закључио је и Панајотопуло. (Скерлић је, са других разлога, нешто раније (1914) одбацио „нордијску оријентацију" Исидоре Секулић у српској књижевности. Ипак је занимљиво да се компаративно помињу ове тенденције у обе књижевности).

Иако је почео са студијом о Палами (1921), и наставио с књигом посвећеном истом великом песнику 1944, изашлом као трећи том његове шестотомне критичке едиције *Људи и дела*, за коју је добио и државну награду „Коста Палама", Панајотопуло је врло рано уочио уметнички значај александријског песника Константина Кавафија, о коме су он и његови пријатељи писали у часопису „Муза", а четврти том његових наведених критика је у целини посвећен К. П. Кавафију (1946).

Панајотопуло није само у својој лирској поезији и критици страсно трагао за новим, све личнијим књижевним изразом, него се паралелно с ове две наведене делатности стално бавио и прозом, причама, романима, есејима, путописима.

За своју књигу есеја *Савремени човек*, преведену на енглески, а у Грчкој издавану касније десетак пута, добио је 1966. године Државну награду за есеј. Пре тога је објавио *Беседе голе душе* (1946), *Мисао и реч* (1954), а касније књигу *Тешка времена* (1970), за коју је добио награду Атинске академије из „Фонда Косте и Елени Урани" и која је доживела поновљена издања 1981. (два издања!) и 1986. године.

„Самоћа човека и друге паралелне теме" је поднаслов његове књиге из 1974. године *Противречења*. *Ћутање и говор* је његова књига есеја из 1975, а „текстови снова и немира" су под насловом *У одсуству Грка* објављени 1974, 1975, 1981. и 1984. године.

Поред књижевне критике бавио се и ликовним студијама, а дуго је био и у Савету Националне галерије. У књизи *Књижевност и уметност* из 1967. скупио је своје радове о домаћим и страним писцима и ликовним уметницима. Биле су врло запажене и друге његове збирке есеја и критика као што је књига *Нови варвари и пропаст аутентичности* (1977), преведена на енглески и објављена у Америци, или студија *Залакоста*, човек и песник (1962), *Ешика иншереса* (1979, 1984) и *Ушравне душе* (1980).

Ипак је можда у грчкој култури И. М. Панајотопуло још увек цењенији као прозни аутор. Као сасвим млад човек објавио је 1925. године књигу *Ханс и друге прозе*, а затим, 1943, књигу лирске прозе под насловом *Рукойис самоће*. Романе је почео да објављује 1944. године: *Двоје и ноћ*, па 1945. *Звездана свешлосш* и *Живошарење*, 1951. *Заробљеници* и *Седам уснулих младића* 1956, за коју је добио Прву државну награду за роман. Роман је убрзо објављен на немачком у преводу чувеног неохеленисте Исидоре Розентал-Камаринеа, моје драге познанице, затим на холандском и португалском. Друго грчко издање изашло је 1981, а треће 1992, са кога је начињен овај српски превод. *Живошарење* је „хроника давног доба" и преведено је на енглески у Њујорку 1969. и на шпански 1972. Омиљено штиво тадашњих читалаца, издато је поново 1960. и 1973. године. Радња хронике ситуирана је у сиротињски амбијент Пиреја, с доста аутобиографске грађе и реалистичких описа типично грчких ситуација дугог одсуства морнара, бораца из ратова с Турском 1897, ратова 1912. и 1924, трпљења и настојања да се преживи, све виђено очима детета и његове „групе", док није стигао „нови свет и нови живот", због чега главни лик на крају силно пати. „Ништа није остало осим успомене. Бледе, болне успомене. Прошло је много година, можда тридесет, од оног доба кад сам се последњи пут вратио у то старо суседство". Сиротињски живот који су водили није био лишен драматичних инцидената, које писац описује с разумевањем и хуманошћу, понекад иронијом и хумором, као што с људском топлином види радост људи због сунца и обичних дневних догађања.

Односом добра и зла писац се бавио већ у свом првом роману *Звездана свешлосш* (1945), у коме описује генерацију после Првог светског рата усред књижевне климе тога доба. Роман *Заробљеници* (1951) описује време непосредно пре Другог светског рата и за време немачко-италијанске окупације. У сасвим друго време аутор смешта радњу *Седам уснулих младића* (1956), у време распада Римског царства, а догађаји се описују у распону од трећег до петог века нове ере.

Мада се може читати и као историјски роман проистекао из легенде о светом граду Ефесу у Малој Азији у време раног хришћанства, роман је и „израз животних ставова према савременим проблемима", како оцењује и грчка и страна критика.

Наши читаоци ће најбоље сами просудити актуалност овог књижевног дела.

Поред романа Панајотопуло је писао и приповетке, као што је *Прстен с бајкама* (1957) преведено на румунски, *Људска жеђ* (1957), *Фламенго* (1963), *Гушење* (1978) и друга прозна дела, романизовану биографију *Прича једног живота* (1965), *Преписка* (1975), *Афричка авантура* (текстови за велику децу).

Панајотопуло је рођен у малом месту Етолико, недалеко од прослављеног места Мисолонгија где је умро Бајрон, и у основној школи коју је завршио у родном месту морао је већ врло рано упити то интересовање за свој народ и земљу, које је деценијама исказивао у својим бројним путописима, почев од књиге *Облици грчке земље* (1937), преко наслова *Грчки хоризонти* (1940; 1959; 1982) и *Положај и контрасти грчког предела* (1953), *Кипар, једно путовање* (1962; 1974; 1984) и *Крф, острво људске имагинације* (1975).

Велики путник и космополит, као и већина Грка његове генерације, Панајотопуло је своја лична и књижевна интересовања проширио на велики део екумене, што се види и из наслова његових путописних књига: *Свети скарабеј – Египат* (1950), *Европа* – двадесет поглавља лирске географије (1953; 1962; 1979), *Градови на Истоку* (1954; 1982), *Свет Кине и поглед на Русију* (1961), *Африка се буди* (1963). За ову последњу књигу Панајотопуло је добио Државну награду за путописну књижевност.

И на овоме кратком прегледу једне значајне књижевне каријере, не завршава се сва делатност И. М. Панајотопула. Поред већ поменутог раног часописа „Муза", сарађивао је у многим другим књижевним часописима у својој земљи, као што су „Неа грамата",

„Неа зои", „Неа естија" и други, објављујући прилоге у многим новинама. Веома образован, био је сарадник *Велике грчке енциклопедије*. Из једног прилога припремљеног за ту енциклопедију посебно је објавио *Основе историје савремене грчке књижевности* (1936; 1938), а још пре тога је уредио и штампао двотомну *Општу историју уметности* (1927).

У средишту свих интересовања И. М. Панајотопула била је и остала загонетка уметничког стваралаштва, и то више као драматично сагледавање из аспекта човека, а мање из аспекта уметника. Иако се сам задржао на традиционалној књижевној техници, развио је снажан и негован стил, којим су обележени сви његови радови. Веома је био цењен као књижевни критичар, нарочито његова продубљена и оштра, веома озбиљна синтеза *Људи и дела*, која обрађује грчки и страни прозни и поетски свет, а у поезији се сматрало да је допринео њеној обнови, уз многе водеће песнике које овде добро познајемо, као што су Јорго Сефери, Одисеј Елити, Јани Рицо, Никифор Вретак, Нико Енгонопуло, Јорго Темели, Милто Сахтури и неки други.

Радњу романа *Седам уснулих младића* смешта у доба раног хришћанства, у свети град Ефес у Малој Азији, полазећи од једне древне легенде. Иако у основи историјски роман, какав је иначе веома омиљен у Грчкој, роман *Седам уснулих младића*, изражава ауторов став према савременим проблемима. Бавећи се прошлошћу, истиче критика, Панајотопуло та сећања користи да би продубио своје разумевање садашњости и дао јој смисао. Та интроспекција је карактеристична за Панајотопула у свим његовим радовима.

СЕДАМ
УСНУЛИХ МЛАДИЋА

Синаксар (збирка житија) седам уснулих младића из Ефеса чини језгро ове књиге. Задржао сам само почетне елементе. У наставку сам пожелео да створим неки свој свет. То је велика радост онога који пише: да тумачи ликове и догађаје, стварајући свој свет.

Алкију и Леди,
који цветају у нашој кући.

1.
ПРИЧА, КОЈА ПОЧИЊЕ И ЗАВРШАВА СЕ У ЕФЕСУ

Месец август у Јонији, цео крај одише топлином и сећањем. Наша је дружина мала и живи под много светлости са много радости и туге, на улицама Смирне. Како је то мучно да мислиш на огањ, који је некада у пепео претворио овај лепи град, да чујеш лелек полумртвих, осиротелих, људи који су у тренутку изгубили свој иметак и отаџбину, а да, с друге стране, усмериш поглед ка мору: море је сјајно и плаво, свуда около је љубав, љубав девојке која се стиди да погледа саму себе! Како је то мучно да осећаш да ти је срце распламсано као гримизни каранфил, а да ти такво сећање непрестано притиска разум и да ти такав бол душу хвата у замку!

Прошло је подне, напустили смо Смирну, хтели смо да видимо Ефес. Сада, када се, уз све то, погоршала цела ситуација, када су се и нове, иначе увек горке, незгоде придружиле оним старим, срце размишља:

– Хоће ли икада сванути дан када ћу поново стићи у те крајеве? А ако не стигнем, како ће разум моћи да издржи то савршено сећање на сјајно лето? И ако се деси да поново стигнем, у каквом ћу стању бити као човек? Можда уморан путник, изнурен ходочасник, који иде да поново доживи сећање и који зна да један тренутак не личи на други и да није исто живети и доживети.

Напустили смо Смирну, хтели смо да видимо Ефес. Нашли смо се усред увала, спокојних брда, водених токова који тихо жуборе. Поподне је доприносило да све изгледа изнурено; а Исток је тихо певушио у неком хладу, у неком врту, на неком путељку; био је много поспан и певао је Исток, оплакујући увек свој бол, у тој сјајној тишини усред лета чуо се само грчки цврчак, сиромашан и сасвим го, како проклиње Анакреонта зато што га је једном упоредио са царевима, и онај водич који је напајао своју животињу на извору и певао, и надничар који се одмарао под старом маслином. Није ни леп ни ружан живот у то доба. Он је то – бескрајни живот. Тренутак који не покреће стрепња ни журба да нестане; утрнули тренутак, који осећаш у својим рукама, који зграбиш као неко тело први пут. И уопште не помишљаш да време пролази, све се зауставило, у месту, да уживаш, гутљај по гутљај, као што већ изнурени бекрија испија последњи остатак вина. Пролазили смо кроз пределе и нисмо знали да ли то ми пролазимо или предели пролазе. Сцена се мењала, али без померања, без покрета. Такав је тај демон Истока у подне, пун поспаних тешких капака, а истовремено будан до крајњих граница. Чак и ако си невин, осећаш кривицу греха и доживљаваш ту кривицу као неку дубоку срећу, као неко чудно пијанство.

А јонска земља, она земља богова, шири се свуда око тебе, само лепота, само страст. Племенитост, спокој. Место препуно биља, дрвећа, плодова; земља плодна, као тело родне жене, која непрестано жуди за семеном. Хомерски дух лебди у сјајном ваздуху. Дактилски хексаметар није изумро. То је стих блаженства и бесмртности, који изражава смисао предела. Овде настају дивни митови. Епски мит историје, мит философије, целокупно песништво, мисао и радост живота. Ту земљу су створили добронамерни богови да би се ускладиле супротности. Усред Еолиде, у области Троаде, на обалама дорске Мале Азије. Јунаштво, раскош; а међу њима танана свест Јоњана, који су створили уметност од живота, а да тога често нису били свесни.

Тај час грчкога лета, тог егејског лета, дошао је и зауставио ми се у срцу. Смирна није град; она је љубав, она је пољубац. Цела та Јонија је пољубац. Од тих брежуљака, морских жалова, вртова и јонског мермера – само сам тај утисак стекао. Од мермера сред жбуња и дрвећа, који је пун бесмртног сећања.

Месец је август, месец Богородице, пун узбуђења. Август тихих предвечерја, прозрачних ноћи. Испричао сам на једној другој страници, у некој књизи, о највећем добу Ефеса. О Артемиди и Богородици. Са колико бола, са колико љубави сам га проживео, и сачувао у себи. То доба је пуно прича. Издвојио сам једну, можда најмање значајну, која је проговорила случајно на чудан начин у мом срцу. Прича која почиње и завршава се у Ефесу.

2.
ВРЕМЕ КРВИ

Мислим да је врло тешко рећи која раздобља у људском животу нису пуна крви и туге. Сигурно је да у сваком тренутку бол доноси бол. Људи долазе и одлазе са очима пуним суза, са стрепњом урезаном на челу. Непрестано очекују боље дане. А бољи дани никако да процветају на огради зоре. Свет умиљат и измучен до изнемоглости.

Међутим, постоје и времена када се крв узбуркава, када расте људски јецај. Такав је био тај трећи век, један век Рима. Власт бесмртног града покорила је народе и народе. Прешла је мора, реке, стисла је као дивља змија далеке пределе, дошла је и настанила се свуда где су успеле да стигну легије. Запад, исток, север, југ, стењали су застрашени. Застрашена је била и власт, јер се на њеним укоченим ногама скупило много рђе, јер се у великим палатама, где су људи ратова проводили бесане ноћи, чула шкрипа. Била је то моћ која је губила себе. Моћ која је пуцала по шавовима. Ветрови који су дували са Истока, ветрови Јудеје, доносили су на својим крилима наду и претњу. Људи кукавице и непокорни, скромни и храбри, ходали су по траговима које су оставиле легије. Цело царство је осећало њихов лагани пролазак. Били су то људи који су знали да ћуте. Који су знали да говоре. Који су знали да подносе глад, жеђ; да спавају под дрвећем пустоши; да умиру с очима упереним ка зори „тајног дана". Нису тражили власт, моћ. Упркос томе, поседовали су најчвршћу моћ, власт која је била непобедива. Увлачили су се у градове, нечујно, путељцима и подземним пролазима; по двоје, по троје, како би узајамно потврдили стабилност и стрпљење. Царство је, застрашено, ослушкивало њихов шапат. Чуло је њихове кораке по мирним плочницима и његово срце је дрхтало; разабирало је кроз блатњаве лагуме њихове упаљене светиљке – и замишљало је пламен који би га потпуно запалио, од једног краја до другог. Цареви су све измислили; све су учинили; сакупили су од свих дивљих створења овога света бескрупулозни ужас, страх залеђеног погледа, уживање у убиствима и мучењу – и све су изручили на ове понизне људе. Ноћи царства биле су осветљене људским бакљама. Море јаука покрило је све; тело света је постало једна велика рана; где год такнеш, боли. Рим је изнемогао од велике моћи. Казна је долазила сама. Морало је нешто да се промени. Тако се догађа повремено; сваки пут мора нешто да се промени, само да не постане досадно.

Ствар је, засигурно, у суштини била врло једноставна. Они скромни, сиромашни људи, који су били најочајнији, добили су нову наду. Најочајнији немају шта да изгубе. Могу, дакле, да покушају све. Вечни узалудни труд: убијеш једнога, рађа се десеторо. Од десеторо се рађа стотину. Од стотине·хиљаде, песак морског дна. Постоји само један начин за спасење: да се промени онај који убија, јер онај којег убијају се не мења, добро је убијен. За Рим, као ни за све оне који убијају, није било начина да се промени. Рим је био моћ: моћ је најглупља ствар на свету. Наиме, долази увек један велики тренутак, када ћеш морати или да размислиш или да чиниш. Моћ више воли да чини него да размишља. У томе је њена слабост.

Трећи век, са једним Римом већ исцрпљеним, и даље верује у моћ. Хришћани су се намножили, они су једна тиха војска која чека свој тренутак. Све је обележено крстом. Од Истока до Запада. Од Југа до

Севера. Упркос томе, цареви нису осетили да је стари оклоп зарђао. Верују да ће увек моћи огњем и мачем да искорене те иницијe и непокорне поданике. И долази, с времена на време, час „прогона". За дивље створење, час „прогона" доноси радост стварања. Зло постаје занатлија. И како занатлија обликује глину, тако и зло обликује мучење и убиство. „Прогон" је самовоља – спасење, ослобађање Зла. Зло, наиме, ништа боље не тражи: да нађе оправдање, озакоњење своје непрестане жеђи, осигурање свог сатанског ума.

Декије је умро у својој педесетој години. Убио је свог претходника, Филипа, како би узео царство у своје руке. И њега су убили други. Владао је само две године. Прогонио је хришћане без милости. Јер је начуљио уши да чује; и чуо је како царство шкрипи; и помислио је да су мишеви који га кришом глођу, хришћани. И зарекао се да искорени хришћане. Само две године на власти биле су довољне да посеје панику и покољ. Да нису стигли Готи да му најаве рат, његови противници да га заробе у некој баруштини заједно са његовим сином, Етруском, свакако не би постигао свој циљ, али би учинио још веће зло, будући да је био толико љутит и прек.

Уплашили су се и градови и пустиње. Можда и није био човек тај Декије, Гај Декије, замишљених очију, стегнутих усана, болног лица. Декије је сав био једна гримаса. Као гримаса је прошао кроз овај свет. Успаничени који сеје панику. Тако увек бива; нису страшни него престрашени они који доносе страх на земљу. И његов страх је постао претња која се раширила по бескрајном царству и доспела до јонских обала. Чула се и у Ефесу. Била је то језа, због велике зиме, која је дошла да застраши весели град, идолопоклонички и хришћански.

Предање је било освећено од пре много векова. Ту, у један кућерак, прогнана после страдања и без људске заштите, дошла је да живи Богородица, пошто је напустила Јерусалим. Ту јуј је нашао, у неко време, и вољени ученик Јован. Ту је, пролазећи путеве света, дошао да проповеда беспрекорну беседу Павле. Ту су први хришћани осигурали живот молитве и учења. Цео крај је одисао мирисом свете наде. Древни богови су остали на својим белим мермерима, у некој залеђеној светлости. Древни богови су били пуни Егеја, мора и неба. Говорили су језиком песника и философа. Волели су тело човека. И то тело је Рим долазио да зароби, да раскомада и уништи.

3.
МЛАДИЋ, ЈЕДАН ОД СЕДМОРИЦЕ, ПО ИМЕНУ ЈАМБЛИХ

Лето, пет година пре прогона. Изван града Ефеса, на путу који води ка мору, срећу се два човека. Један иде колима уз сјајну пратњу, а други једва стоји на својим ногама пуним рана. Сав је пун немоћи и туге. Један од оних несрећника на земљи, који, како то бива, носи у себи много истине. Нашао се колима на путу, усред светла и прашине. Још мало па ће преко њега прећи нестрпљиви коњи. Као онда, на раскршћу Даулеје. Човек у колима се можда више не сећа митологије, али изгледа милостив, пошто нема, можда, шта друго да ради. Вуче узде, зауставља налет коња. Путник се помера. За један трен, у том свету, застало је све. Само су топле, мокре гриве коња узнемирене; и изгореле ноздрве које тешко удишу сунце. Један човек нагиње се из кола, гледа около, хоће да сазна. Судбина често од једног случајног сусрета ствара читав један живот. Човек у колима је богат трговац који је у Ефес дошао из Феникије. Има своје лађе, своје караване, небројену робу, непроцењиво богатство. Сручиле су се године на његова плећа, почео је да отежава, има много људи у својој служби, саградио је близу мора, у подножју велике стене, дворац, засадио је башту, поставио је и торањ на врх стене одакле посматра море и лађе које одлазе и лађе који долазе, своје лађе. Има много прича у његовом срцу. И када постоје приче, тешко је да се некад нека не пробуди. Гледа путника, тог земаљског црва седе косе, неуредне браде, мутног ока од невоља и тешког живота. Гледа га и путник; и одједном неочекивана светлост заблиста на његовом лицу.

– За име Христа, јеси ли ти Марко?

– Да, ја сам Марко. Али не за име оног проклетника који је унео немир међу родитеље и синове, међу браћу и пријатеље, не за име Христа!

– Јеси ли ти Марко из Сидона?

– А ко си ти?

– Тада су ме звали Хелиодор, сада ме зову Агатије. Тако желим да ме и ти зовеш.

Трговац је остао без речи. Прошло је извесно време док није проговорио:

– Ти си Хелиодор? Дај ми знак да те препознам.

– Шта хоћеш више од свега? Да ти причам о дану на стадиону када си хтео да ме победиш у скоку, а пао си и наљутио се на мене, и стао да ме тучеш као да сам ја био крив? Мислим да ти је остао мали ожиљак на колену. Збринуо те је лекар Хикесија.

– Хелиодоре!

– Не, Агатије!

– Хелиодоре, читам твоју судбину на твоме имену. Тај проклети Христ је и тебе овако средио. Напунио је земаљске путеве путницима просјацима, градове завереницима који иду по ноћи, а опустела места самотњацима.

Сишао је с кола, покушао је да га загрли, осетио је одвратност и тугу. Наредио је својим људима да га доведу код њега, да га сместе у кола. Агатије се супротставио, али на крају није успео да се одупре.

– Идемо код мене. Да се умијеш, да се обучеш, да доживиш тренутак спокоја. Шта те доводи у ове крајеве?

– Спуштам се према мору да нађем лађу и одем у Смирну. Копнени путеви нису више за слабу „одабрану кутију", то проклето тело. Јер није Христ проклет, ово човеково тело је криво.

– Слушај, пријатељу, Хелиодоре или Агатије, или како ти се већ свиђа да те зовем. Дозволи да се сетимо старог, да се сетимо своје младости. Непотребно је да се трудиш да ме убедиш за свог Христа. Дугујемо му два црна века. И нико не зна колико ћемо му још дуговати касније. Некад си рекао да ти се свиђа мој разум онакав какав је створен, да буде оштар као мач, пун светлости као звезда северњача. Једном си признао да осећаш радост када ме случајно сретнеш и причаш са мном о људима, када о свему причаш са мном.

– И поново ћу говорити с тобом о људима. Ако дозволи твоје господство, могу да спавам вечерас код тебе. Нисам болестан. Само сам сиромах. И желим да сам сиромах.

„Лоше ми се пише с овим заборављеним пријатељем", помислио је Марко. Међутим, осетио је како се у њему помера једна стара радост која га је неочекивано срела на путу. Можда та стара радост није била ништа друго но младост! Обојица су већ били средовечни људи, што значи да је од тада прошло много времена.

– Јеси ли ожењен, имаш ли деце? упита га Агатије.

– Да, оженио сам се женом из Милета. Имам једно дете, Јамблиха. Стекао сам велико богатство у Сидону, Тиру, Пергаму и Ефесу. То је моја прича. А твоја?

– Ја немам причу. Открио сам своју душу. Христ је поделио мој живот на два дела.

– И када се то десило?

– У мојој тридесетој години. Тамо где си ти нашао жену, у Милету. Сваки човек се труди да нешто нађе у животу. Најстрашније је што већина њих не зна шта им одговара, шта треба да нађу.

Са једне узбрдице, са пропланка, заблистало је на сунцу море, Егејско море, бајка. Био је то час када су се купали древни богови у пени морских таласа.

– И сада? упитао је Марко.

– Идем из места у место, из ходочашћа у ходочашће. Ослобођен сам страха. Ништа друго.

Марко је почео поново да размишља. Кола су пролазила кроз прастаро дрвеће. Затим су ушла у љупке вртове. Мермерне степенице. Предворје украшено киповима древних богова. Била је то његова кућа.

Агатије је гледао очаран. На тренутак му је срце поклекло. Лепа је била ова кућа, врло лепа. И простор, који ју је окруживао, са старим дрвећем и водоскоцима и скривеним воденим изворима.

Точкови су зашкрипали на плочнику, стигла је гомила робова, отворили су гвоздену капију, и жена и син су изашли да дочекају човека. Агатије је подигао очи, погледао је жену. Његов поглед је био много измучен, веома стидљив, као код дивљег голуба, и тако није пао одмах на њено лице, већ се пењао постепено, као тихи талас, од сандала са златним тракама око ногу, које су се оцртавале испод лаганог хитона, ка широким бедрима, каишу са копчом од смарагда око танког струка и оданде ка богатим грудима и усправном врату и руменим образима; и зауставио се на два ока, каква његов поглед, дуго лишен тога, није видео.

До тада је Агатије гледао само тле које је превалио. Већ годинама је ходао обореног погледа, кроз земаљске путеве. Само ноћу, када су звезде сијале високо, у тренутку када је осећао своју душу како лагано трепери између овог и оног света, дизао је поглед ка светлости звезда и молио је Бога да му да снагу, која је човеку потребна, како би стигао на крај своје судбине. Међутим сада, та жена која је стајала преко пута њега, стаса који је подсећао на кедрове Либана, та песма над песмама која је учинила да се његов поглед окрене према горе, која је напунила грижом савести његово срце, била је смрт, то јест повратак без спокоја.

Жена га гледа радознало. Ћути и гледа га радознало. То је врло лепа жена и гледа га радознало. Шта тражи у њеној кући тај јадан путник, тај просјак? Марко пожури да јој нешто каже, јер осећа да се налази у незгодном положају.

– То је пријатељ из младости. Хелиодор.
– Хелиодор?
– Да! Немој да се чудиш! Сећаш ли се да сам ти говорио о његовој лепоти, о његовом добром срцу?
– Хелиодор? упитала је жена поново.
– Немој да се чудиш, одговорио јој је опет муж; и сада је изгледало као да је прекорева. Затим је стишао глас и додао:
– Постао је хришћанин.

Речи су тихо изговорене; међутим, многи од оних који су стајали около чули су. Између осталих и мала дружина, робови који су носили робу из кола, застали су и погледала Агатија са више пажње, и чинило се као да је њихово срце у жеги лета постало лакше.

– Добро дошао! Рече му жена љубазно. Звала се Хермиона. Могла је да се зове и Артемида. Пришао је и младић, Јамблих, са лицем насликаним анђеоским пером.

Агатије је спустио поглед, спустио га је низ свој ужасни химатион, и ужасне сандале.

– Нисам за такву кућу, одговорио је. Где год да станем, направићу штету. Ако није много тешко, попићу мало воде. Затим ћу поћи даље.

Међутим Марко, гласан и доброћудан, није му дозволио да настави. Узео га је за руку и увео унутра. За њима су ишли жена и дете. Дали су му да се умије, да обуче нови хитон, да седне на столицу урађену од слоноваче и скупоценог дрвета. Гостопримљива је била и Маркова кућа. Богатство у њој је било претворено у лепоту. Тешка ствар. Зидови су били украшени изванредним фрескама: овде Ифигенијно жртвовање, онде лабуд отворених крила над нагом Ледом; тамо Енеја поред Дидоне; онамо велики пaунови и палме и шумске звери и мале заљубљене птице које су се играле са белим и пе-

пељастим голубовима. И на елегантним мермерним постољима атичке вазе црвених фигура, направљене од пријатне црвене глине далеког завичаја. Ту су и мозаици, отмица Европе, опроштај Хектора и Андромахе; а на огњишту мали кућни богови, Лари. И на столовима од обојеног мермера, бусоле израђене од слоноваче и злата; и један диван водоскок у дворишту, усред куће, а око њега кипови и стубићи који су подупирали свод са плавим и златним касетама. И на неком месту натпис латинским словима: *Carpe diem*. Цела кућа је показивала је да је направљена за живот; да у њој нико није размишљао о смрти. А Агатије је и сада и сваки други час само о смрти размишљао.

Робови су доносили сребрне послужавнике са урмама и бадемом. Једна жена са југа, девојка од шеснаестак година, косе попут зимске ноћи, чврстих груди створених алатом демона који царују паклом, са наруквицама на рукама и ногама, носила је корпу са свежим плодовима. И чаше са слатким вином и свежом водом. Агатије није смео да пружи руку. Замрли мушкарац се будио у њему, као онда на обали Сидона. Та жена, та девојка чврстих груди, није била ништа друго него страшна чар Истока, лукава и отровна, која га је чекала у заседи на том чаробном месту. Затворио је на тренутак очи; и осетио стрепњу како хода по његовом срцу. Попио је воду, узаврела утроба одахнула је.

– Морам да идем! – узвикнуо је. – Морам да идем!

Његово лице се изменило.

– Морам да идем!

Није га нико пустио да оде. Сада је био заробљеник. Не људи, већ заробљеник судбине. Решио је да попусти. Само за једну ноћ. Замолио је да му пруже само парче хлеба, још једну чашу воде и да га одведу у неку осамљену собицу, да легне на неки гвоздени кревет, да заборави дан.

– Вечерас, замолила га је жена, Хермиона, треба о много чему да причамо. Имаш времена за спавање, колико год пожели твоје уморно тело. Твоје срце је пуно страха. Желим да ти кажем да нема ничег страшног у овој кући. И сам то видиш: наши богови су доброћудни, воле људе, као и твој.

– Постоји само мој Бог, један једини. Наг, гладан, гоњени Бог.

А младић, Јамблих, ширио је своје блиставе очи као паунова крила на тог човека који готово ништа људско није имао на себи. И који је личио на усамљену пустињску звер.

– У суштини постоји само варка, рекао је Марко. Христ је твоја варка. А моја, ово богатство – и богови који воле лепоту, и силазе с Олимпа, како би се сјединили са женама смртника.

Агатије је осетио како му пламен гори у очима, како му сагорева трепавице. Устао је. Наслонио се на свој штап. Постао је већи.

– Морам да идем! Рекао је опет јачим гласом, пуним страха и патње.

– Ниси сигуран у себе? Упитао га је Марко подругљиво.

– Нисам сигуран ни у шта. Само у Христа. Христ је истина и живот. Христ је пут спасења.

– Ког спасења? рекла му је Хермиона.

Личила је на човека који воли да чита и разговара. С правом је Марко отишао чак у Милет да нађе жену.

– Ког спасења? Упитао је поново Агатија. Мислим да постоје разне врсте спасења.

– Постоји само једно, спасење душе; у рукама великог Бога; у светлости Христа, одговорио је Агатије и кренуо је да пође. Међутим, Марко га није пустио. Устао је и он; стао је преко пута њега; подигао је свој глас:

– Агатије, рекао му је, Хелиодоре, пријатељу из младости, наш сусрет, то већ знаш, није само лукавство среће, већ је нешто више, заповест Судбине. У овој кући, која ти вечерас спрема вечеру и постељу, Христ је проклетник који је напунио путеве овог света троглодитима[1] и заверенicima. У овој кући Христ је смртна зараза духа и ума, трулеж тела. Христ је донео рат, није донео мир – морам ти то поново рећи. Упропастио је породице, окренуо је синове против родитеља, раставио је брачне другове; убио је радост живота; донео је жалост сваком дану, смрт у сваком тренутку. Није дозволио човеку да одахне. Објавио је рат жељама у име Бога. Па, Агатије, Бог је створио човека. Бог му је усадио осећања, жељу; Бог, једини, или много њих, исто је, поцепао га је на двоје, на мушкарца и жену, и одредио је да очајнички траже један другога. Шта би био човек без моћи и размишљања и доброте Бога? Агатије, ниси ме заборавио, то знам; ниси заборавио нашу младост; ниси заборавио сате које смо заједно провели читајући наше сјајне класике, разговарајући о великим темама које муче људски ум. Постао сам путујући трговац, стекао сам иметак, имам ову жену, ово дете, ову кућу. Нисам никоме нанео неправду, никоме штету. Много волим ову жену, ово дете. Поносан сам на ову кућу. Никоме нисам нанео неправду, кажем ти то још једном. И долазиш сада ти и покушаваш да ме убедиш да сам човек проклетник, човек мрзак Богу, јер се бојим смрти, као и сви, јер волим да поједем и да попијем чашу вина, јер волим удобно седиште и мек кревет, радост жене – нека ми опрости Хермиона, што је овако без размишљања спомињем, радост детета, да га гледам како расте у мојим рукама, Јамблих је моја велика нада, осећа то и сам.

Агатије је напокон донео одлуку. Све то је био позив на бој. Није смео да устукне. То је био његов дуг према Спаситељу Христу.

---

[1] Хришћани који су се крили у пећинама. (*Прим. прев.*)

— Као сви идолопоклоници, одговорио је, тако и ти, пријатељу Марко, никад ни за шта ниси упитао Христа. У својој глави имаш лажну представу о Христу. Ниси га никада видео како позива к себи децу народа и пружа руке да их благослови; ниси га никад видео како разговара са женом из Самарије крај бунара, како хода кроз цветна поља и диви се њиховој лепоти као песник.

— Христа нисам видео, Христа не знам, одговорио је Марко. Знам хришћане. Сој без носа. Пун смрада; стално о смраду говори, о црвима гробова и оголелим костима мртвих. Сој без осећања за лепоту, јер ову лепоту свакодневног живота не осећа. Његов дах смрди на немаштину, његово тело на измученост. Такав је хришћански сој. Непрестано ратује са својим телом: да га уништи, да га осакати, да га усмрти. Тело је жеља. Нека иде до врага тело! Али ја, добри мој Агатије, знам да сам тело. И док постоји то тело, постојим и ја. Хришћани циљају на једну химеру, на апсолутно. Вређају људско достојанство. Понижавају и омаловажавају људску свест. Кад их чујеш, ништа друго не треба да радиш него да проклињеш час кад си се родио као човек, а не као звер, да оплакујеш своју судбину и да чекаш своју смрт, безвољан и беспомоћан. Твоја вера није ништа друго него справа која умножава грижe савести. Свуда открива грех. Тако, ништа друго ти не преостаје него, или да будеш мртав, или да постанеш лицемер. На својим путовањима упознао сам доста хришћана. И размишљам у страху, шта ће бити ако надвладају, ако једног дана преузму власт у своје руке.

— Дакле, ти си задовољан оваквим стањем? Промрљао је Агатије. Ти, честит човек, сматраш ли да је у реду да прогоне хришћане као што их прогоне? Намазани катраном и смолом да осветљавају ноћу Неронове баште? Да морају да се боре до смрти пред масом, која осећа задовољство гледајући крв и зној агоније? Да буду растргнути од звери? Да буду раскомадани на точковима? Да буду разапети, набијени на колац, да их бацају у тамнице пуне буђи и болести, да подносе све што сатана, који борави у људском мозгу, смисли, само зато што верују у моћ Христа, а не у моћ муње, што је Зевс? Па зар није човек слободан да верује у шта хоће или чак да ни у шта не верује? И ти, као поштен човек сматраш да је у реду да уживаш блажено у својој удобности, богатству, да осећаш задовољство жене, радост детета, у истом тренутку када комадају суседову жену, када од његовог детета праве сироче, када уништавају породицу?

– Не, Агатије. Моје срце јеца, кад стижу изблиза или из далека вести о прогонима и кукњави. И знаш о чему размишљам? Да би се исто догодило и кад би хришћани преузели власт у своје руке. Власт не подноси противљење. Власт убија. И хоћеш да ти кажем зашто? Јер *може* да убија.

Агатије је утонуо у дубоко ћутање. Затим је рекао:

– Хришћани не убијају.

И поново се Марко супротставио:

– Убијаће и мучиће и хришћани.

– Али Христ није проповедао убијање.

– Нико не проповеда убијање. И сви убијају. Христ је идеал. Људи су отелотворење идеала. Знаш ли колика је удаљеност између људи и Христа, између идеала и његовог отелотворења? Бескрајна. Сви који желе да спасу свет труде се да својим учењем учине човека бољим. Али, да ли си приметио шта се догађа? Човек успева да учини бољим учење, то јест, да га прилагоди себи. И после кратког времена има толико учења колико и људи. Још данас, док смо још на почетку, има толико Христова колико и хришћана. И ако ниси у стању да то увидиш, погледај прве људе који су пришли Христу. У сваком од њих постоји један други Христ: Јуде Искариотског Христ, Петров Христ, Томин Христ ...

Погледао је око себе. Хермиона је упала у дубоко размишљање. Зачуђено је пратио слатки дечкић, Јамблих. Агатије се сав претворио у гримасу непоколебљивости. Стао је Марко, почео је Агатије:

– За оно што мислиш да је аргумент, није него само софизам. Не постоји истина у овоме свету коју не можеш да побијеш неком другом истином, истином *правом* или *привидном*. Христ је живо присуство одсуства зла, скромности, покорности Божјој вољи. Христ је живот. Док га нисам срео на свом путу за град Милет, читаво моје биће је било стрепња и борба. Био сам човек свестан живота али ипак несрећан. Христ ми је помогао као брат и као отац; утешио ме је, просветлио, подигао, спасао. Не постоји човек који нема потребе за неким спасењем, који не треба да се спасе.

– Хоћу да ти одговорим на оно што си рекао на почетку, прекинуо га је Марко: како немам у рукама аргументе него софизме. Сви фанатици, било које вере, на уснама других виде само софизме. Слушао сам и у Сидону и другде логографе и философе како тврде најразличитије ствари и на крају су сви у праву. И сутрадан сам поново слушао те исте како подржавају мишљење једни других и поново су у праву. И видео сам како исправно и праведно распарчава. И свако је узимао по парче. И тада сам схватио, Агатије, да не постоји само једна правда. Да их има више. Да истина није једна. Него их има више. И свако налази спас у својој истини. Држао си ме за трговца, који се хвали својим богатством, који ти говори о својим караванима и бродовима. Затекао си ме као философа. Знаш ли зашто? Јер су места и времена таква да ти не дозвољавају да не размишљаш. У градовима и у пустињама, људи су пуни питања; и пагани и хришћани и семити и равнодушни и сви они обузети чудним ветровима, који дувају по раскрсницама земље, траже своју истину. И сви они који су случајно дошли до исте истине, окупљају се у кланове, у братства, у дружине, и траже да је наметну другима путем мржње или убедљиве речи. Данас, Агатије, човек треба да размишља. Друкчије не може бити. Свет је препун гласника; једни долазе из Јудеје, други са висоравни Медије, једни из срећне Кирене, други из Грчке са блиставим боговима, једни из Рима, а други са других страна. И сви они имају ужас празнине у души.

– Празнина за мене не постоји, одговорио је Агатије. Моје „бити" је испуњено Христом.

– То није оправдање. То је хвалисање.

– Не. „Ко се Господом хвали нек се хвали".

– Агатије, мој циљ није да те натерам да сиђеш са камена твоје вере. Твоје присуство је пробудило у мени стара времена. Вратио си ми изгубљену младост. Хвала ти. Хајде, седимо за сто.

– Ја сам нитков, земаљски црв, у твоме двору није мени место, рекао је Агатије. Твоји робови, Марко, много ће се чудити ако те виде да се занимаш за просјака. Пашћеш у очима својих робова, Марко. Заиста, да ли си до сада наредио бичевање неких од њих?

И погледао га је радознало Агатије. Марко је кренуо нешто да каже, није успео.

– Да, Агатије, рекла је Хермиона тихо. Једном-двапут, не више, било је нужно да се и то догоди. Христ застрашује грешнике катраном пакла. Није праведно да кривци остану некажњени на овој земљи. Ако неправда не буде кажњена, ко ће моћи да је спречи?

– Бог, одговорио је Агатије. Бог једини додељује правду. Ми немамо другог оружја од праштања. Праштање није слабост, праштање је моћ.

– Агатије, ти си једна усамљена душа. И не знаш да се људима не влада праштањем.

Устали су, кренули су разговарајући; затим су ушли у салу где их је чекала богата трпеза.

— Хоћу нешто да те питам, рекао је Агатије. Верујеш ли да никад не грешиш или се и теби догађа да понекад скренеш с правог пута?

— Нисам пример врлине, Агатије. Свакако да ми се догађа да погрешим.

— Добро. И ко те онда бичује, Марко?

Хермиона је радознало подигла обрве. Марко је осетио да тешко дише.

— Ко ме бичује? Да бичује *мене*?

— Видиш, дакле, одговорио је смејући се Агатије, то *мене* не постоји међу хришћанима. Господар и роб су једно те исто.

Марко га је поставио поред себе за сто. Купање је Агатију вратило нешто од његове старе лепоте; као да је мало процветало његово изморено тело. Агатије је ставио у свој тањир парче рибе. Вече је било мирно. Све звезде неба су се скупиле изнад Егејског мора и посматрале мирне воде. Више од свега, овај демон, ноћ и Хермиона, лепота, мучили су без милости његову душу.

— Дакле, рекао му је Марко, највећа превара је ово. Верујеш да су господар и слуга исто. Да ће доћи дан када ће бити исто. Не, Агатије. Господар и слуга мењају улоге. Само се то догађа, само то може да се догоди. С једним или другим оправдањем.

Агатије је осетио како губи снагу. Налазио се у свету ког се био одрекао; сопствено тело га је издало; изашао је поражен у борби са успоменама из младости. Какво оправдање је имало његово присуство међу тим срећним људима који су разговарали само да би разговарали и око себе могли да трпе полунаге робове, који су носили, полагано се крећући, час једно час друго, и који су непомично држали упаљене бакље? Једва да је дотакао своју рибу. Изрезао је и једну бледоцрвену феничку јабуку, коју су Марку донели из воћњака Газе, и утонуо је у тишину и размишљање. Полако се све око њега стишало. И чуо је Агатије тишину, дошао је к себи, окренуо се и видео, и пао је његов поглед на Јамблиха; и видео је како га дете посматра својим великим овлаженим очима. И Хермиона је видела да је дете уперило поглед ка једној далекој утвари, и неки паничан страх, нека необјашњива туга затреперила је у њеном срцу.

Напољу се све предало бескрајном спокоју. Само се с времена на време чуо талас на стени. Ноћ се спуштала. Све више се спуштала, ћутљива, пуна поспаних очних капака. Око стола се нико није усуђивао да исхитреним речима поремети спокој. Марко се вратио с пута, Хермиона је била уморна од брига око куће. Јамблих је и даље гледао Агатија са неком знатижељном жеђу и извесним чудним узбуђењем. И Агатије је осећао да је у том часу Христ својим магичним кључем отварао дечаково срце. Христ је био најживље присуство међу њима, међу свима. Била је то страшна и непобедива снага.

Агатије је устао. Устали су сви. Марко га је одвео до његовог кревета. Путник понизног Бога осетио се поново обесправљеним пред величанственошћу коју није ни уснио нити тражио. На прагу је стајао Христ, пружених руку, лица пуног прекора и викао му „немој".

– Не, не могу да спавам на овом месту, рекао је Марку. Претпостављам да у одајама робова постоји мало сламе да легнем и да се одморим сном Божјим.

Требало је доста убеђивања док му Марко није попустио да буде по његовом. Сишли су у башту. Зашли су на један путељак, затим и други. Нашли су се испред низа собица. Једна је била затворена. Марко, као да се ружно поигравао са својим старим пријатељем, извадио је кључ, откључао је, врата су зашкрипала кроз зарђале шарке, пало је мало светлости са светиљке коју је држао роб што је пратио господара у овој малој ноћној авантури; прљав под, сиромашан гвоздени кревет, клупа, празан крчаг, чиније.

— Овде спавају кажњени робови, тихо је рекао Марко Агатију. Хоћеш ли моћи да проведеш ноћ у овој рупи?

— Ово је место за молитву, одговорио је Агатије.

Узео је светиљку из робове руке, држао ју је високо да би могли да виде док су одлазили, затворио је врата, стропоштао се на гвоздени кревет, на бедну постељу. Толико је пропатио тог дана, да више није имао снаге ни да се помоли на коленима. Грешник је био Агатије. Марка није послало Провиђење да му буде друг и подршка у изнемоглости. Марка је водио демон, господар ереба. Кроз његове поспане капке почеле су да навиру сузе, река топлих суза. Ушао је у кућу пуну таштине, провео време међу људима без милости.

Марко се поново вратио у ноћ. Закуцао је на врата, позвао га:

— Хелиодоре, чекам те. Не верујем да заправо намераваш да проведеш ноћ у том лагуму!

Агатије се уздигао, сакупио је снагу, одговорио је:

— Нисам ја више Хелиодор. Молим те да то не заборављаш, добри пријатељу. Хелиодор је мртав. Агатије ће провести ноћ у том лагуму како га називаш.

Марко је помислио да и мучење има своје чари. Можда и своје задовољство. Слегнуо је раменима, није ништа рекао, отишао је. Роб га је следио ходајући на прстима. Попео се у кућу, нашао је Хермиону, нашао је Јамблиха како га чекају. Читава та прича била је веома чудна. Непознат човек је дошао да испуни дан, да испуни ноћ својим именом: Агатије. Да преполови њихов живот. Одједном су сви осетили да не би могли а да се касније не сете тог Агатија. Такви су дакле били хришћани? Зар ти бедни мазохисти, ти сироти путници да сруше царство? Али ништа Агатије није рекао о цару; било је очигледно да није ни помислио на њега.

– Нека! Ноћи су лети кратке, рекао је Марко. У зору ће тај човек кренути на пут и ми ћемо поново наћи себе. Покушао је да се насмеши, али није могао. Пољубио је дете, послао га је да спава. Узео је руку своје жене. И имао је неку топлу нежност његов глас, извесно чудно узбуђење. И прозрачна јонска ноћ све се удобније спуштала са звезданог неба.

Агатије се предао сну и сањао је дуг пут, са два висока дрвореда на обе стране. Био је то леп пут, од оних осенчаних и свежих, који воде право у рај. Међутим, није стигао да закорачи по њему, јер је нека рука закуцала тихо на његова врата. У полусну, начуљио је уши. И поново је рука закуцала на врата. Уздигао се.

– Ко је? упитао је.

– Ја, Јамблих, одговорио је уплашени глас. Отвори ми да уђем.

Дигао се. Отворио је. Јамблих је стајао преко пута њега дрхтећи:

– Шта хоће Христ од мене ? упитао је.

Агатије га је гледао изненађен. Затим га је и он тихо упитао:

– Је ли те позвао?

– Не знам, дошао сам да сазнам. Од тренутка када сам подигао очи и погледао те, моје срце је пуно стрепње. Ја сам дете. Рекао си да Христ зове децу к себи. Зашто их зове?

– Зато што је њихово срце просто и топло и без зла, зато их зове. Царство небеско припада деци, рекао је то и сам Христ.

– Да ли је Христ био песник?

Агатије је стао да размисли.

– Твоји родитељи ће се уплашити, рекао му је, ако случајно примете да си одсутан. Иди да спаваш, касно је, и ја морам да покушам да се одморим, чим заруди, одлазим.

— Пусти ме крај себе. Свиђа ми се како причаш. Свиђа ми се твој начин, Агатије, не ужасава ме твоје сиромаштво. То је неко друго сиромаштво, не знам како да га назовем.

— Да, Јамблише, то је сиромаштво које ми сами заповедамо својој таштини да трпи; није то сиромаштво које нам други намећу. То је пријатна немаштина.

— Агатије, дођох да те питам: шта Христ тражи од мене? Зашто ниси одговорио кад сам те мало пре упитао? Шта је Христ? Једног дана сам упитао Хермипа, свог учитеља. И он је направио ужасну гримасу и није ми одговорио. Моји родитељи га зову проклетим. Моји другови нису имали прилике да чују нешто о Христу, само куде хришћане, сви око мене их куде. Али ја хоћу да сазнам, Агатије, шта је Христ.

— Син свемоћног Бога, свемоћни син, Бог. Христ је мудрост. Христ је љубав. То је Христ, љубав.

— Ја никада никог нисам мрзео, рекао је Јамблих. Да ли сам, дакле, и ја Христ?

— Нико, Јамблише, није до те мере љубав као што је Христ.

Међу њима је завладала тишина. Јамблих је пришао, ухватио је Агатијеве руке.

— Човече Божји, рекао му је, хоћу да пођем с тобом.

Агатије се уплашио и најежио, и сав се потресао слушајући Јамблихове речи и убедљив и непоколебљив начин на који их је изговарао. Времена су била пуна сличног понашања. Људи су изненада напуштали своје домове и кретали на пут. Нико није знао, нико није предвиђао и није погађао када и где ће га обузети Божје лудило, у које време и који трен ће Христ стати преко пута њега, са лицем попут непобедивог позива. Дете је пало на земљу, рукама је додирнуло Агатијеве ноге, његово срце је тешко лупало усред ноћи, његово дисање постајало је кратко и одсечно. Агатије више није знао шта да ради. Само је чуо један глас, увек исти глас: „Пустите децу да дођу к мени".

– Ујутру, да кажемо твоме оцу, рекао је.
– Не, отац ме неће пустити да одем. Ја сам му једино дете. Моје ће срце пући ако будем угледао његово лице. Води ме са собом, Агатије. Хоћу да пођем с тобом. Хајде, пођимо сада. Прећи ћемо ограду неприметно. Постаћу и ја човек понизан и сиромашан; просићу и страдаћу с тобом.

Дуго је већ молио и жалио се Агатију. На крају је Агатијево срце попустило пред тим позивом, пред том жалопојком.

– Зар не мислиш на мајку? Само му је рекао.
– Не мислим ни на шта! Хоћу да видим, хоћу да осетим Христа.

Огласио се први петао. Стали су на праг, погледали су небо, вечне звезде. Јамблих је узео торбу коју је тамо оставио роб и један штап. Агатије је на трен помислио: „Како је вера сурова ствар!". Потом је поново помислио: „Задобио сам једну душу". И мало му је недостајало да осети праведно хвалисање.

Оставили су за собом ограду. Кренули су на пут као лопови. Спустили су се низ стеновита места, нашли су се између ниских шумовитих брда.

– Чуо сам да треба да сачекаш брод, рекао је Јамблих. Или немаш намеру да путујеш у Смирну? Је ли Смирна лепа?
– Не, сада морамо да променимо пут, одговори Агатије. Ићи ћемо у Сард. Наша браћа су тамо пуна просветљене вере.

И променили су пут. Да оду у Сард. Дошло је јутро, дошло је подне, ни Агатија ни Јамблиха нису пронашли.

– Хришћанин нам је узео дете! кукала је Хермиона.

Марко је био ван себе. Послао је гласнике на све стране да их траже по планинама и шумама, послао је и у Ефес да пријави отмицу властима. Кућа на лепој стени је постала кућа кукњаве. Сви су хтели да умру. Само неколицина робова није показивала искрену забринутост. Били су посматрачи заједничке стрепње.

Гласници су почели да се враћају празних руку. Зар их је земља прогутала? Да два човека иду путевима и да се нигде не појаве? Око пролазника да их не запази, ухо путника да не чује у самоћи њихове кораке? Дошла је ноћ – нико није заспао у тој кући. Бдели су људи, бделе су велике бакље. Страшна је ствар кад се дете одвоји од родитеља. То само болест, само смрт може да постигне. Па смрт је црна звер, без милости, без разума. Како је Агатијево срце могло то да учини? Христ је имао мајку у болу и поверио је, разапет на крсту патње, вољеном Јовану. Зар би у његово име иједно дете могло да изгуби своју мајку? И да је то дете Јамблих, тај свети дар? Изгледа да су тако створене велике идеје. Велике идеје, које воде ратове за добробит човека, пуне су нечовечности. Убијају, пустоше, уништавају. И док не постигну свој циљ и пруже људима спокој, долазе нове идеје; и оне убијају и пустоше и уништавају; и тако увек бива.

– Постао бих и хришћанин да пронађем своје дете, бунцао је у својој бескрајној тузи отац Марко.

– Робиња, да будем продата на тргу, само да опет видим Јамблиха, ударала се по грудима јадна мајка.

И прошла је прва ноћ. И прошао је и други дан. И поново је дошла ноћ. И гомилали су се дани; множиле су се ноћи и јецаји су се скупили у смртној тишини. Марко се више није пео на осматрачницу да гледа удаљене бродове који су долазили, бродове који су одлазили, своје бродове. Није више, у сјајној пратњи, улазио у град Ефес, у сусрет својим караванима. Пустио је своје подређене да се брину о свему и да се богате на његов рачун. Шта ће му богатство? Дете је човеково богатство. Оно да напредује, оно да му се нађе на самрти, оно да преузме његово име и да га преда неокаљано следећем поколењу – то је жива, права бесмртност, размишљао је Марко. И за једну такву бесмртност је било створено дете Јамблих. Лепо као светлост што пада на мермер, као цвет који цвета крај мора, на високој чардаклији. Умиљато као ветар који надувава бело једро у летњој ноћи. Пуно размишљања и милости. Да диже чедне очи, веселе очи, да те гледа и да свет у себи осећаш бољим. Да сакупљаш његов осмех, као што сунце сакупља слану са ружа у зору. Сва топла Хермионина љубав претворила се у људско месо и крв и створила је ово дете, Јамблиха.

Приближавала се прва ноћ. Агатије и Јамблих су ишли кроз дубоку клисуру. Крај њих је жуборила тиха вода; вековна стабла су отежавала својим великим гранама њихов пролаз. Попели су се на усамљени брежуљак, бацили су унаоколо поглед, све је почивало. Почели су да се спуштају, стигли су у колибицу, подигнуту на живописном месту. Стали су. Закуцали су на врата. Агатије је рекао: ΙΧΘΥΣ [1]. Глас изнутра је одговорио: Ἰησοῦς Χριστὸς Θεοῦ Υἱὸς Σωτήρ. Прешли су праг. Нашли су се пред незамисливим сиромаштвом. Једно створење с брадом, која се спуштала до танких колена, стајало је усправно. Отворило је врата и чекало. Јамблих је помислио: „Је ли то звер или човек?" Био је човек. Сели су на ниске столице. Човек није показао изненађење што је видео лепо и уредно обучено дете.

— Је ли спремно за катехезу? упитао је. И погледао је Јамблиха.

---
[1] ΙΧΘΥΣ значи на грчком риба, и ово је заправо акроним који значи: Исус Х··· ··· Син Спаситељ. *(Прим. прев.)*

— Много смо на путу причали, одговорио је Агатије. Појешћемо хлеб па ћемо лећи. Сутра можемо да почнемо с катехезом.

Јамблих, иако исцрпљен, ипак је све пратио широм отворених очију.

— Шта је катехеза? упитао је.

— Учићеш у шта треба да верујеш, одговорио је Агатије.

Донели су три велика парчета хлеба и црне маслине у једној чинији, а потом су у длнове испразнили и кесицу лешника. Помолили су се, али Јамблих није. Он још није знао своју молитву. Обедовали су, захвалили се Богу, легли су на гомилу сламе која је била просута по поду да преноће. Јамблих је осетио како га срце стеже. Сетио се мајке Хермионе, оца Марка, лепе куће, мора, бродова. Као да то није био он на тој слами, у тој колиби усред ноћи. Агатије га је много тешио на путу, али сада овде, у овој пустињи, у толиком премору, гласови који су ћутали, пробудили су се. Подигао се. Погледао је према вратима.

— Хоћеш да одеш, дете моје? упитао га је Агатије који још није био заспао. Ако хоћеш да се вратиш, сутра ујутру можемо да кренемо за Ефес.

Јамблих није одговорио.

— Веома је сурово кад човек напушта своје родитеље, кад се одриче благодети земље. Јамблише, хоћеш ли да се вратиш? упитао га је опет Агатије. И његов глас је био сломљен. Јамблих опет није одговорио. Човек дуге браде је спавао сном малог детета.

— Христ је љубав и стрпљење, Јамблише, рекао је опет Агатије.

Јамблих је заспао. И сањао је да хода по потпуно белом путу, између брежуљака Јоније, тамо негде. И пут се завршавао на некој голој гори. А на голој гори крст. И на крсту усамљен човек. А дан је био плав, светлост жута, човек сам, погнуте главе, смрзнутих руку, ногу крвавих и непомичних. И чуо је да из дубине излази невидљиви глас: „Пустите децу да дођу к мени". Ништа друго није знао, ништа друго Јамблих није научио. И тада је помислио да је видео неко дете како се пење на голу гору. Једно дете лепе грађе, које се пење до подножја крста, стало је преко пута усамљеног човека и рекло: „Долазим! Долазим!". И узвикнуо је тада Јамблих: „Долазим! Долазим!". И било је као да је цела природа узвикнула: „Долазим! Долазим!". И гомила деце, са копна и мора, скупила се око крста, око Христа. И сва су викала: „Долазим! Долазим!". Чуо је глас, крик, јецај, осана, алилуја, „Долазим! Долазим!" и Агатије који је размишљао у ноћи. И његово лице се испунило светлошћу. И читав свет је постао миран, као да нису постојали пагани, као да није постојао Рим, као да није постојао цар.

Еудокс је устао први. Тако су звали трећег човека неошишане браде. Пао је на колена, помолио се. Затим и Агатије. Јамблих је спавао док на његове очи није пало летње сунце. Опет се сетио мајке, куће. Како је био ужасан тај тврди хлеб! Повели су са собом и Еудокса. Нашли су се поново у великој клисури. Дан је био топао. Кад је дошло подне, стали су да се одморе у неком гају крај воде. Еудокс је отворио своју торбу, прошли су како-тако. Јамблих је био гладан, болеле су га ноге, али није ни речи рекао. Ти људи су били чудни, један непознати свет. Међутим, имали су такву доброту да се осећао потпуно разоружаним пред њима. Почели су да га уче у шта треба да верује, шта да избегава. „Ми смо Божји путници", ракао је у неком тренутку Агатије. „Постоје два Јерусалима. Један се налази иза ових планина, далеко, у Палестини, земљи светаца. Други је високо, на небу. Ми идемо према другом. Корачамо овим путевима, али наш дух стално гледа ка другим; наше срце жуди за другим, за правим Јерусалимом". Како је љупко говорио тај човек! Како је јасно све уочавао! И какву је моћ имао! Све је код Агатија било моћ. И његова болест, и његова немаштина, све. Могао је да стане усправан пред царем, пред свим властима, без страха. Да поднесе сваку смрт, без икаквог страха. Његов говор је био чиста мудрост. И то само због тога што је био само љубав. И он је напустио родитеље; напустио је и браћу; и богатство позамашно и сјајну срећу; заборавио је своја учења, своје разговоре, Сидон, Ефес, заборавио је лепе јонске ноћи да би задобио сиромаштво што чини бескрајно богатство, немоћ, што чини необориву моћ, стрепњу, што чини највећи спокој, да би срео Христа на крају пута. „Христ нас чека на крају пута". И Јамблих је гледао, да ли ће наићи на Христа на неком крају, испод велике маслине, како седи спокојно и чека. Док није схватио шта је Агатије хтео да каже.

Тако су пролазили дани, ноћи. Време, које не жури, ако га не јуриш. Јамблих је постао ученик. Јамблих је постао верник. У граду Сарду, где још нису потпуно заборавили великог краља Креза. И дошао је један тренутак, када је Јамблих осетио бол, велики бол. Решио је да крене на пут, да сиђе до мора, да види своје, да се опет сети очеве куће. Агатије је напустио Сард, слушао га је у Пруси у Битинији. Затим у Византу. Нова познанства, нова „браћа" дошла су да се придруже Јамблиху. Размислио је, рекао је браћи, одлучио је. Да се спусти до мора да види Ефес, да види дом. Прошло је већ две године. Сада је већ био момчић, прави момак. Сиромашан момак. Са душом која се таласала попут необузданог пламена.

Горак је био пут повратка. Пун неодлучности и немира. Сретао је по разним местима „браћу" и чинило му се као да је на њиховим лицима била написана најстрашнија грижа савести, која га је мучила. Они се ничег нису сећали пре Христа. Њихов живот је почео са Христом. Јамблих је чувао неокаљане у свом срцу старе љубави: оца, мајку и море, и бродове у даљини, и бродове у близини, и лета на стени, у башти; и град Ефес, створен камен на камену, кућа на кући, за задовољство човека.

Било је пролеће – доба када и најокрутнија душа постаје мека као восак у топлим длановима; дрвеће је добијало лишће, воде су жубориле, земља је одисала бујношћу, све, од корена до корена, осећало је ту опијеност – о како је опијајуће живети, постојати! И Јамблих је гледао своје кошчате руке, ноге мршаве од потуцања, неошишану браду која се спуштала низ груди и своју неошишану косу – и неодлучност је у њему расла као бура. Древни богови су често напуштали Олимп да сиђу на ову земљу, као да су хтели да сваким својим хиром докажу да шака земље вреди више од најблаженије бесмртности. Нови Бог те обавезује да сваког часа имаш на уму да си само шака прашине, блата, смрдљива маса пуна гладних црва и ништа више. Гадио се укуса греха. Јамблих га још није окусио. Тамо у кући, проводио је време међу педагозима, међу књигама; учио је Хомера и јонска земља је у њему налазила свој прави смисао. Учио је Платона и знао је, колико ерос, који је створен од суште суштине, проширује и колико продубљује душу; лиричари са острва су га научили милини мудре љубави; склапао је љупке стихове на танане звуке ауле; вежбао је са осталом децом и бринуо се да му тело буде симетрично и снажно – и дивио се свом телу које је било достојно Пиндарове победе и славе.

Све је то било лепота. О човека се није огрешио, није богохулио, према родитељима није био непослушан. И ето, сада се одједном и изненада нашао дубоко у најтежој кривици. Осећао је да у себи носи гомилу грехова, он – безгрешник; и ништа му друго није преостајало него да преклиње великог Судију за опроштај: молитвом, лишавањем, самоодрицањем.

„Одрекни се себе!" Пре него што стигне да себе осети, пре него што дође час да загризе плод живота, морао је да га одбаци, као храну за свиње. Зар је стварно тако? И ако није? И није ли Агатије био један фанатик у кога не сумњаш, који је задобио његову душу у једној борби живота и смрти? И нису ли „браћа" била болесници века или смели неотерици који су тражили промену само због тога што су били уморни од постојећег и устаљеног? Вера није имала код свих исту дубину, исти квалитет. А оно што га је много ражалостило, биле су међусобне сваће, задње мисли и очигледни хирови, који припадају само охолим. „Браћа" су желела прва места – а таштија жеља од тога не постоји. Фарисеји прве епохе оживљавали су у њима. Нису преостајали други него само понизни, „сиромашни духом". То стадо Божје.

Ишао је, од гаја до гаја, из града у град, и присећао се. Неки Хегесип, тамо у Сарду, некадашњи рвач, наљутио се и замало није убио човека који му се супротставио. Неки други, Теофан, пио је до изнемоглости; повели су га код великодостојника пијаног; они су га држали на посту и молитви читавих недељу дана; и наредне недеље су га поново довели пијаног, а он је оплакивао и проклињао свој јад, али пића се није могао одрећи. А неки по имену Акиндин, потрошио је новац из заједничке касе и побегао, нестао. Каква су то „браћа" била? Зар ни Христ није успео да измени те људе? И у својој новој вери остали су оно што су и пре били: „гадост ништавила". Затим, шта му је скривио отац Марко, предобра мајка Хермиона, да им проузрокује такву тугу? Умало његово срце није смекшало и попустило, међутим, сетио се искушења које долази сећањем, размишљањем, разумом, својим страшним мајсторством да задобије душу човека.

Мудар и сладак је сатана и тка своје преваре у нитима најневиније мелодије и немоћног и лако савладивог вара овим и оним. Јамблих се, међутим, до овог тренутка није показао немоћним. Његова вера је била чврста. Била је то вера новопросветљеног, који нема ни очију ни ушију, него само једну мисао и једну вољу, потпуно посвећену и пуну самоодрицања. Покушао је да одустане, да прекине пут напола. Повратак је био некаква радост. И морао је и те радости да буде лишен, као што се свега лишио у служби Христа.

Па ипак, неки други глас га је звао у пределе дечјег сећања. Његов дух је корачао према почетку пута, срце га је вукло према крају. Није било лоше поново видети оца, мајку. Чак и ако се у тој кући на стени био угнездио подневни демон, имао би снаге да се бори с њим – није био путник голих руку, био је Христов војник.

Тако је стигао до капије старе куће. Био је странац, путник, ходочасник света, који је радознало гледао около. Каква пустош и каква самоћа! Башта је била препуштена срећи, као да људска душа годинама туда није прошла. Све је одавало жалосну слику. Гурнуо је врата – била су полуотворена; потражио је робове да им каже своје име; никога није срео; попео се у предворје, ухватио је бронзану лављу главу и покуцао је: једном, двапут, трипут. Ударци су чудно звучали у тој самоћи. Као да је свет одједном нестао и остао је само Јамблих, сиромашан путник, и глув одјек. Опет је покуцао. У неком углу као да се померила нека сенка. Сенка која је пошла према њему. Њена слика је била страшна, али Јамблиху није било тешко да је препозна. Био је то Состен, највернији чувар куће.

– Пријатељу, ракао му је, отвори ми врата. Долазим из далека, уморан сам, тражим хлеб и конак.

Состен је подигао очи, погледао га је с презиром; поново је подигао очи и презир је постао сумња; подигао их је и по трећи пут и пао је скрхан пред младићеве ноге. Јамблих се нагнуо над њим, загрлио га је и двапут пољубио. Био је то један од тренутака који судбина ствара са беспрекорним мајсторством. Состен није могао да проговори. Нестао је у кући тетурајући се, вратио се, отворио је широм врата. Затим је шапнуо:

— Убиће их твој повратак. Убиће их велика радост.

Поставио га је да седне на клупицу. И опет је нестао у кући. Из дубине су допирали вика и плач. И две вољене утваре, без лика, без снаге, испустиле су снажан крик, с безумљем у очима, бациле су се на њега и попустило је и разбило се срце младића, остао је нем у сузама, у јецају, у измученој љубави. Зар је то био отац Марко? И мајка Хермиона? Ти неуредни старци беле косе, испијених образа, дрхтавих руку — ти оронули кипови које је туга извајала својим кошчатим прстима? Јамблих је осећао велики бол. И осећао је као да је творац трагедије. Да, тако се осећао. Као творац трагедије. Готово да је слушао Хекабу како оплакује Полидорову смрт, како оплакује ћерку Поликсену. Марко му је напипавао тачку по тачку на лицу, на телу. Није могао да верује у такву радост. Скупили су се око њих и робови, који су још били преостали, и плакали су и они. Ни хор није недостајао у трагедији. Потом је све зађутало. Марко је наредио да се упале светла и да се спреми богата трпеза за блудног сина. Хермиона је обукла беспрекорни хитон, везен жутим цветовима, са златни појасем и копчама од драгог камења. Марку је ојачао глас када је стао да приповеда ово и оно, о гласоношама, о потрази, о жалопојкама и јадиковању у кући. Оживљавала је прва ноћ с Агатијем.

— Да ли и ти хоћеш да спаваш с робовима? упитао га је Марко. И сав се најежио кад се сетио судбоносног часа.

— Не, нећу спавати с робовима. Спаваћу у свом кревету.

— Јеси ли још увек Јамблих, наше дете, или си променио име као тај проклети Хелиодор?

— И даље сам Јамблих.

Речи су остајале недовршене. Нико није смео до краја да каже своје мисли. Дошао је ипак и тренутак када више нису могли да управљају својим мислима.

— Добро је што ниси променио име. Али убеђење, претпостављам, да си променио. У својим данима смо видели многе хришћане како потписују папире и како их шаљу у Рим, цару, одричући се своје вере.

— Ниједан хришћанин се не одриче своје вере. А папире потписују како би спасли друге. То је уступак, није одрицање.

— Твојим устима говори Агатије. Твој нестанак је учинио да се зближим са многим хришћанима. Сви говоре на исти начин. Зар ти се не чини, Јамблише, да је то веома досадна и ружна ствар?

— Не, оче. Ништа није ружно. Нисам овамо дошао да бих се одрекао Христа. Дошао сам да будем мало уз вас. Моје срце је пуно љубави. Чуо сам те како проклињеш Хелиодора, Агатија. Агатије је скромна и велика душа. Није ме он позвао; ја сам тај који вам је нанео бол. Христ ће узети у обзир вашу тугу.

— Ми нисмо хришћани. Христ је ваш, није наш.

— Христ је за све. Не раздваја људе по пореклу и раси, по богатству и положају или вери.

Атмосфера је била тешка. Пролећна бура је избила изненада. Хермиона је гледала сина и ћутала. Није је било брига што су им се погледи разилазили. Она је гледала сина. Сва се претворила у два тужна ока која су гледала, и ништа друго нису желела него да гледају, вечно, непрестано, да гледају ту патњу, тај бол, што се звао син.

Приближавала се поноћ. Јамблих је био исцрпљен од напора и туге и скривене милине таквог дана који у животу много значи. Док је одлазио на спавање, гледао је све око себе. Како је све остарело! А није прошло много времена. Бол је био неподношљив. И бол је пао на те ствари као гомила векова и учинио их да изгледају старе, дотрајале и уништене. Кревет је био неуредан, онако како га је оставио кад је отишао. Нико није желео да га дирне. Погледао га је, затим је рекао:

– Колико је времена прошло!

– Читав један живот, ракао је отац. Кад год смо га гледали, мислили смо да ћеш ускоро доћи.

Хермиона је наредила да се промени постељина; да донесу меке јамболије. У кући је била присутна некаква зима са неочекиваном кишом. Јамблих се прекрстио, легао је; његов сан је био дубок, као сан малог детета. Тада су отац Марко и мајка Хермиона дошли и сели на клупицу крај кревета; мајка је држала синовљеву руку, а отац с главом наслоњеном позади размишљао је о многим стварима; и бдели су обоје да Јамблих не би поново отишао. Ноћ слатког бдења. Поред детета. Да га гледају, да осећају да спава уз тихо дисање као онда, када је живот био весео у тој кући. Како је мршаво и исцрпљено изгледао Јамблих у кратком спасењу сна. Напољу је киша певала на плочнику.

– Сутра ћу наредити да уреде башту. Што буду могли, промрљао је Марко.

– Да, да уреде башту. И да се побрину за кућу.

Тако рекоше, али одједном су помислили:

– А ако опет оде?

То су помислили и осетили су да је поново завладала велика зима у кући.

– Нећу га пустити да оде! ракао је Марко.

Помислио би да су ту два човека која су доживела бродолом, која су се дочепали копна и која су гледала како се копно поново удаљава.

– Можеш ли да му не допустиш да оде? упитала је Хермиона врло забринуто.

— Затворићу га у кућу! Он је наш, он је мој, он је мој син, нема право да се тако понаша према нама!

Запали су у дубоко размишљање. Дете поред њих, спавало је мирним сном. Затим је Марко рекао:

— Грешка је наша. Одгојили смо га уз многе философе. Хтели смо да створимо слободног човека! Али види, слободан човек ради шта хоће, иде куда ветар дува. Убија оца, мајку, убија љубав, дужност, све. И иде стопама једног Агатија, семена свемрачног Хада, и уопште се не обазире на нас. Коначно, Хермиона, затворићу га у кућу, умрећу с њим, пошто не могу да живим далеко од њега. Као Аполон беше то дете; узео га је Агатије и вратио га осакаћеног; погледај његово лице, његово тело, његове руке. Уплашена звер, препуна грехова које није учинио. И шта је грех? Не знам, Хермиона, шта је то грех. Хришћани, противници цара, да би добили своју игру, називају све нас грешницима. Ко год не верује у њихову веру, грешник је. Узели су слободу ти робови и направили су од ње своју „латифундију". Свему су дали своја имена. И именима значење које они хоће, а не оно исправно и право. На питања одговарају софизмима. И ако их којим случајем јаче притиснеш, не удостоје се ни да ти одговоре. Само ћуте с подсмехом. Као да ти кажу: „Чекај, доћи ће и наш час. И тада ћемо видети да ли ћеш моћи да се успротивиш". Такви су, Хермиона, хришћани. И множе се, из дана у дан, као песак у мору. Сви осакаћени, сви прогнани, сви који немају нигде никога, иду с њима. И постају све бројнији и бројнији.

— Мислим да си неправедан; можда те бол за дететом доводи до безумља, прекинула га је Хермиона. Хришћани не убијају, не прете, не обавезују те ни на шта.

— Данас, не! одговорио је Марко. Међутим, кад дође проклети час и преузму власт у своје руке, тада ћеш видети. Они су једна страшна руља. Њихова садашња немоћ је њихова једина снага. И то је једна застрашујућа снага. Можеш ли да замислиш, Хермиона, шта ће бити прекосутра; када та њихова страшна немоћ постане моћ? Роб постаје неподношљиви господар.

— И зар само због тога, због неке сумње или због неке неизвесности, треба да остане роб?

Марко се окренуо и погледао је.

— Хермиона, зар губим и тебе? упитао је.

Хермиона није одговорила. Киша се стишала. И они су бдели поред детета. Сан је уморио њихове очи. И туга и неочекивани спокој и стрепња за дан који долази.

Прелетела је зора над морем. Пробудила се кућа после пролећне кише. Пробудио се и Јамблих, уснуло дете. Сишао је у двориште, у тишини, да нађе робове, да поразговара с њима. Већина њих су отишли. Марко их је поклонио другим господарима. Остала су само двојица-тројица. Отишла је и она девојка из Африке. Она лепотица. Дошао је и један капетан, у Марковој служби, да му се пожали што уопште није водио рачуна о бродовима, о своме иметку. Пловили су по морима без икакве бриге домаћина. Тешка ствар. Капетан је био прек човек, исклесан од морске стене, сав је био једна морска стена. Марко није био расположен да га саслуша. Ипак га је добро примио. Човек је видео и Јамблиха и његово се срце обрадовало. Осетио је да је ту био дан славља —славља у страху, јер нико није знао шта ће касније бити. Јамблих је разговарао умиљато. Осетио је и капетан како му срце постаје мекше, као кад море мирује. И пошао је спокојнији. Чим се дете вратило, размишљао је, све ће сада кренути набоље.

Међутим, дете је на крају рекло да ће поново отићи. Чекала су га браћа у Сарду, да се припреме за нова путовања. Требало је да носе светлост Христову до најудаљенијих крајева, где је мрак, где се људска душа налази у незнању. Чувши то мајка Хермиона, позвала је сина у страну и замолила га:

– Води ме са собом, Јамблише. Да просим на путевима, да негујем болеснике, да се бринем о старцима. Реци својој браћи да ме прогласе ђаконицом. Оденућу црне одоре, скупићу косу под црном марамом, ставићу на раме путничку торбу и поћи ћу с тобом.

– Верујеш ли у мене или у Христа?

– Верујем у тебе, верујем у Христа. У шта хоћеш верујем. Пусти ме да будем уз тебе. Да те дворим док спаваш, да ходам држећи те за руку. И Христ је имао мајку, Јамблише, и знаш колико ју је волео.

Јамблих се сетио Агатија. Са колико жара га је молио да га води са собом. И Јамблих је био туђинац за Агатија.

– Не размишљај, дете моје, ни о чему, рекла је Хермиона. Ја сам мајка, дете моје. То сам и ништа више. Немој да ме питаш, немој да ме одбијеш. Ја сам *м а ј к а* .

И њен глас је био глас античке трагедије, глас Хекабе. Јамблих није више знао шта да ради. И он је био у болу. И за њега је бол био неподношљив.

– Остави ме, одговорио јој је. Морам добро да размислим о томе. А ако ти обећам да ћу често долазити да те видим? Да ћу с времена на време долазити кући, да се одморим и да идем даље?

– Не, нећу никаква обећања. Хоћу да будем с тобом. Где год се нађеш, где год станеш. Да сам поред тебе, Јамблише. Твој Христ осећа тај бол, он је осетио све врсте бола.

Прошао је један дан. Прошао је и други. И путовање је било дугачко. Преко брда и долина. И браћа су нестрпљиво чекала у Сарду. Морао је да се одлучи Јамблих да се њима врати. Био је то тежак тренутак у кући. Један веома тежак тренутак. Марко, Хермиона, Јамблих, око стола од порфирита. Јамблих је размишљао о томе, да би могао, као први пут, да оде кришом, мада би му било веома тешко да избегне будно чување, које је у сваком тренутку осећао око себе. Ипак се његово срце супротстављало. Било је веома тужно гледати очајног оца, несрећну мајку, ту неизмерну стрепњу. Говорили су тихо и с недовршеним речима око стола. Полако, једна заједничка мисао је почела да се јавља међу њима. Међутим нису смели да је изусте.

– Јамблише, поделићу своје богатство сиромашнима и поћи ћу с тобом, рекао је Марко. Друкчије се не може. Доћи ћу го, без вере. Можда ћу и веровати. Поштен сам човек, несрећан отац, можда ћу и веровати. Хоћу, Јамблише, да верујем. Међутим, то сада не могу.

Јамблих се сав најежио. Јер је осетио прави смисао очевих речи. Хермиона је са стрепњом очекивала одговор. Све је било замрло у њеном срцу. И није јој ништа остало већ само болна љубав, бол за сином. Јамблих није ништа одговорио. И поново је чекао да прођу дани. Сваког трена је размишљао: „Поштуј свога оца и мајку". О томе је размишљао. Кад би Агатије био поред њега, могао би да му помогне у страшној дилеми. Ипак, био је сам и тек просвећен, један човек без искуства, без мудрости.

И дошао је дан када је отворио уста и рекао:

– Можете поћи за мном. Задржите од иметка само онолико колико је потребно за једну кућицу, за скроман живот. И пођите са мном. Пустите робове да сами одлуче. Можда ће и они хтети да нас следе. Ићи ћемо у Сард, код браће која чекају.

И пошли су сви, и Хермиона, и Марко, и робови, и стигли су у Сард. И сви су примили веру Христову, као Јамблих.

То је прича првог од седморице уснулих младића у Ефесу.

4.
ЈЕДАН ОД СЕДМОРИЦЕ МЛАДИЋА ПО ИМЕНУ КОНСТАНТИН

Пергам је висока планина, утврђена и одевена у исклесани мермер, од подножја до врха. Око ње се шире весела поља и текуће воде. Видике затварају друге планине са падинама меким као длачице зрелих бресака. Људи, који су много волели живот и познавали начине да га улепшају мудрошћу и умећем, настанили су се у великом броју у тој великој планини. Највиши бог, свемоћни Зевс. Подигли су му храм, који су стари спомињали с одушевљењем. И украсили су га гигантомахијом и другим сличним призорима, како би га се сами сећали и како би и они који ће доћи сазнали са коликом су се смелошћу Пергамљани борили против Гала.

Бескрајно богатство се било скупило у граду Пергаму, и то не да би се чувало неискоришћено у оставама, већ на радост тела и ума. Град срећан, као Ефес, једна мала јонска Атина – и у доба када је она друга бесмртна Атина већ пала полумртва, и када су њену славу бранили само демагози и граматичари и учитељи реторике. Чак са Сицилије и острва Егејског мора, са обала северне Африке и са свих страна скупљали су се на ту пергамску планину младићи жедни знања, који су долазили са жудњом да поберу стару мудрост са мелодичних усана сазнајући у исто време колико је драгоцен тај неповратни дар, младост.

Песми и плесу није било краја у Пергаму. Младићи и девојке из свих крајева блистали су чедном лепотом у скуповима мудрости – и свако дело и сваки покрет били су тако добро срачунати, да им не недостаје ни грациозности ни племенитости. Испунили су своју душу телом ти људи, а нису ни душу окаљали ни тело лишили законског права.

Толико о временима која су прошла. Затим је дошао Христ. Донео је у ужарену планину светлост свога учења. Беше то ружичасто јутрење, које се полако ширило са мрамора на мрамор, са портала на портал. Верници малобројни, на почетку, а потом све бројнији и бројнији, почели су да се вежбају у врлини у једном свету који ју је дркчије схватао, а који није, свакако, због тога био мање широкогруд и добронамеран.

Та нова врлина била је пуна спокоја и љубави, правде и непоколебљивости; као и нова мудрост. Све то је могло да привуче многе међу премореним весељацима који су били жедни, а који више нису били жедни ничега.

Дионис, скривени Јакх, умирао је у заласку сунца боје вишње, као да је био направљен од грозда црног грожђа. И Зевс који је уживао идући горе-доле у свом великом храму, добијао је тмурно лице, ако је случајно допирала до његових ушију нека побожна молитва верника који су се одрекли његове вере. Колико су тешке биле те године за хришћане, толико су тешке биле и за античке богове.

Један Пергамљанин, по имену Константин, назваћемо га Константин старији, тако је најправилније, граматичар по занимању и калиграф, човек благ и отворених очију, приметио је случајно у заласку сунца како Дионис нестаје полако, као лице које се распршује у првој ноћној сенци. Константин старији наследио је од оца калиграфско умеће. Направио је малу радионицу, близу трга, окупио је у својој служби и неколицину новопросветљених који су желели да науче драгоцену и тешку вештину, и ништа друго није радио до преписивао чувене рукописе који су били поређани у његовој приватној библиотеци. Долазило је и време када је из јавне библиотеке позаимљивао понеки редак рукопис. Много је волео да лично поседује одабраног песника или прозаисту, и то у пажљиво урађеном препису, какав би желео дарежљив и жедан знања клијент. И сам је жудео за знањем, и ноћу, нарочито зими, близу ватре, прелиставао је своју библиотеку и опијао се бесмртним стихом или одломком пуним мудрости и умећа. Такав је човек био Константин старији и уживао је поштовање свих, и царевих посланика и нижих слојева. Наиме, била је то слава да се у тим годинама налазиш у граду који је располагао богатством пергамента, и да скупљаш у својим полицама сјајне рукописе, у којима је једна ненадмашна цивилизација оставила саму своју суштину.

И један од новопросветљених, највреднији и најћутљивији, једног дана је тражио да насамо поприча с Константином. Газда га је позвао у помоћну просторију радње, сместио га на лепо исклесану столицу и дао му слободу да каже све што је скривао у својим мислима или срцу.

– Један господар, који не жели да се његово име сазна, дао ми је ову књигу.

И извадио је из недара један рукопис веома истрошен, пун масних капи од светиљки и свећа.

– Жарко те моли, наставио је новопросветљени ниским тоном, да му припремиш један примерак на најскупљем пергаменту. Спреман је да ти плати колико год тражиш. Али жели да му примерак буде готов што пре, јер је рукопис који ти доносим позајмљен од човека коме се жури да из овог града оде што пре.

Константин старији није одговорио. Скупио је обрве, стиснуо усне, ослонио браду на једну руку и дуго је размишљао. Затим је подигао очи и погледао новопросветљеног:

– Јеси ли хришћанин? упитао га је.

— Да, хришћанин сам, одлучио се овај после извесног ћутања.

Узео је рукопис, отворио га је Константин старији, прочитао је: „У почетку беше Реч и Реч беше у Бога и Реч беше Бог ..."

— Шта је то? упитао је новопросветљеног.

— Јеванђеље. Написао га је Јован, Христов ученик.

— Добро. Остави ми га. Прочитаћу га и рећи ћу ти.

— Прочитаћеш? Зашто?

— Јер не преписујем ништа што не знам. Скоро си годину дана код мене и још ниси приметио да не преписујем непознате текстове?

Новопросветљени је погнуо главу и ушао у радионицу. Остали су га чудно гледали.

— Намераваш ли да одеш? упитао га је један, најрадозналнији.

— Не! радило се о нечем другом.

Свако се окренуо свом послу. Један је морао да препише Херодота, други Тукидида, неко трећи украшавао је златом, бојом вишње и зеленом једну Илијаду, коју би неки центурион послао у Рим да је његова деца прочитају. Тамо унутра је било тихо. И Константин им се придружио. Дао је своја упутства, прегледао је Илијаду, она је захтевала посебну пажњу, затим, као што је имао обичај, изашао је да се прошета по тргу.

Када се смркло, затворио је радионицу и отишао кући. Понео је са собом и рукопис. Чим је остао сам, отворио је рукопис, прочитао је; дошла је зора, а Константин ока није склопио. Завршио је читање рукописа и поново га је читао, и душа му је сада била као потпуно осветљено небо.

Константин је био од оних људи који су посебно осетљиви на реч. Једна добро исклесана реченица код њега је имала тежину драгоценог богатства. О хришћанима је наравно чуо, али их није читао. Није хтео да има посла са њима, јер је знао да су власти биле у сукобу са њима; била је то веома озбиљна ствар ако те центурион из твог окружења криво гледа. Константин, неискусан у таквим старима и духом препуним бесмртне лепоте античке мудрости, говорио је да тим верницима разапетог Јеврејина – нису ли већина били Јевреји – није требало отварати врата. И гле како је један Јеврејин прешао његов праг, гле како се у његовим рукама нашла књига која је невероватним језиком говорила о љубави, о пожртвовању, о смрти и животу иза граница смрти. И био је пун вере тај текст, написан најживљим грчким језиком. Можда су Римљани владали Пергамом, као што су били завладали и Атином, као што су разорили Коринт, као што су проширили своју власт на три континента. И поред тога, Пергам је био грчки. И овај Јован је говорио његовим језиком, његовим неисквареним и правим језиком. И говорио је о неком бољем свету. И није ништа говорио о мрачним и ужасним бандама, што су хришћани били у очима сумњичаве власти. Та књига је одисала великом љубављу, огромном благошћу и великом скромношћу.

И реч је била истинита. Не би могла бити неистинита. Свака реч је имала своју поузданост. Полазила је из дубина, из најскривенијих делова човекове душе да би стигла у светлост овога света. Разапети Христ, пун туге и жалости, молио је свог оца да опрости онима који су га страшно мучили. То је већ било несхватљиво и за пагане и за саме Јевреје. Константин је био ганут потпуним одсуством зла. Да владаш светом љубављу! Каква је то дивна смелост!

И тако је почео нови живот. Та светлост што је била Христ, састала се са пламеном светиљке и учинила га је сјајнијим. Један рукопис је доносио други. Новопросветљени је од браће узимао текстове освећене прогоном и честитом смрћу, доносио их је у радионицу и одушевљено је седао да их препише. Нико од мајстора ове вештине, ни од шегрта није помишљао да истражи ствар и да пријави кривца. Константин их је држао у својој служби у доброћудној покорности. И с поштовањем према његовом лицу које је било лице сушпе доброте. Тако су у тој радионици сви живели у заједници. И Инокентије, Константинов син јединац, први мајстор, који би, у складу са најстаријим обичајима свог рода, наследио вештину и мали иметак свога оца и пренео наредним поколењима љубав према негованој књизи. Другога до овог сина Инокентија Константин није имао на овом свету. Његова жена, још као млада болешљива, умрла је пре много година. Тако су остали, отац и син, да управљају радионицом и да проводе у благости и спокоју живот благословен од богова. Уосталом, и читав Пергам, као што смо већ рекли, није био град који те је подсећао на смрт. Тако је и жена Фебронија ускоро била заборављена.

После Јована ушли су и други у Константинову радионицу: Матеј, Лука, Марко. Павле, посланице, једна по једна и све заједно. Један диван свет. Констатин се тада ближио шездесетој. То су године када свако размишља шта га даље чека. Јеванђелисти и епистолографи су га, са сигурношћу која га изненађује, научили шта је то даље. Грци су говорили о једном свету мрака и називали су га Хадом. И у Хад су одлазили сви, и добри и лоши. Једино они који су се страшно огрешили на овом свету, испаштали су за своје грехе подносећи страшне казне: Иксион на точку, Тантал крај језера, Сизиф на узбрдици високе планине с напором гура тежак камен да би му се кад стигне на врх поново скотрљао у подножје. Било је јасно да Грци нису могли да измисле страшнију казну од јарке, неостварљиве жеље и од узалудног труда. Али и људи који су чинили добра, нису били задовољни у том Хаду, чак и када су их владари, који су њиме управљали, почаствовали сјајним титулама. Тако је веома незадовољан био и боголики

Ахил, иако је мртав владао међу мртвима а није тражио друго него да живи под светлошћу сунца макар као роб, даноноћно радећи код сиромашног господара. И гле, сада долази Христ да обећа рај. И хришћани нису престајали с причом да се, ако си добар човек и умреш, твоја душа успиње на небо и живи бесмртна, славећи Господа, међу анђелима и арханђелима. Истини за вољу, чини се да једној таквој ствари Константин није придавао велики значај. Пергам је био град, који се није одрекао тела. И он се навикао да свим чулима упија радости живота. И изгледало му је некако досадно да стално слави Господа Бога међу редовима анђела и арханђела. Ипак се полако навикао и на то. Хоћу да кажем на то тромо и спокојно блаженство. Кад би бар успео да се повуче у неки ћошак, да отвори малу радионицу и да преписује за вјеки вјекова рукописе Христових апостола, било би добро. Да не седи онако, само певајући химне. Јер био је човек који је много волео уметност и испунио је Исток лепим рукописима, које је с изузетном љубављу и трудом припремао са својим сарадницима.

И поново је размишљао да је можда та чар, коју је осетио нагињући се над Христовом речју, трајала одвећ дуго. И да ће се једног дана вратити прецима и боговима предака. А тај дан је каснио да дође. И тај дан није долазио. Сасвим супротно, и збивања, уместо да умањују, увећавала су његову веру и учвршћивала је. Разболео му се син Инокентије. Позвали су лекара који је тек стигао из Рима. Хипократ је говорио кроз његова уста. Тако велико знање је имао. Болест, ипак, није препознао. Наложио је насумице некакве практичне лекове. Детету се стање погоршало. Да кажемо д е т е, јер је Инокентије тада био мушкарац од тридесет година.

— Оче, рекао му је једне вечери, није ми добро. Отежало је много моје срце, памет ми се замутила.

— Није ништа! Проћи ће! одвратио му је Константин. Међутим, ноге су му клецале. Рекао је за трен: оде, нема више живота за мене. Моја радост и брига било је ово дете, Инокентије, а то дете не с м е м д а и з г у б и м. Помислио је да доведе другог лекара. У то време је било неколико њих у Пергаму. Долазили су и врачеви, из далеке Сирије, који су обично коначили у дворовима богаташа и лепо се проводили међу госпама које су желеле да поврате вољене који су их се одрекли, или да задрже свежину младости до дубоке старости. Долазиле су и чудноватe аскете за које се није знало одакле су; аскете из Халдеје, Персије и Индије, знали су много неразумљивих молитви речи и увек су били вољни да се у нађу свакој нужди. Ко познаје моћ човека, размишљао је Константин? Ко зна све тајне, које се крећу међу нама и између земље и неба? Тако је прва његова помисао била да се обрати њима за помоћ. Да их потражи и да их замоли. Сав иметак, који је имао, да им да за своје дете. Али новопросветљени хришћанин, који је тих дана спавао код куће како би се и он бринуо о болеснику, није га пустио. Отишао је код браће. Повео је са собом седморицу; као лопове, једног по једног, у мрачној ноћи, да их не би приметили суседи и пријавили властима. Кућа се испунила чудним лицима – од сиромаха и скромних и доброћудних пустињака. И сва седморица су једним устима упитали оца Константина и болесног сина да ли верују у моћ Христову. И они одговорише да верују. Тада су седморица браће ставила између себе тањир уља и благословили га и очитали молитву, као што је био наредио богобрат Јаков у Јерусалиму, и помазали су дете по лицу, рукама и ногама и остали су дуго поред њега да траже милост великог Бога и да Га моле, у чудној тишини, да излечи болесника.

Затим су отишли. Остали су отац Константин, болесни Инокентије и новопросветљени – остали су будни до првог јутарњег петла, док у околним брдима није заблистала зора. У том часу је Инокентије заспао. Заспао је мирним сном. Било је подне кад се пробудио и затражио да пије воде. И отвориле су се блиставо чисте његове очи и осмехнуо се. Од тог тренутка младић је био здрав.

Та ствар је оставила дубок утисак на Константина. Сео је да размисли и размишљао је дуго. Повратио је своје дете уз помоћ и моћ Христову. Који су лек детету дала седморица браће? Само су се помолили и то не неразумљивим речима врачева и аскета, који су стизали из далеких земаља, већ речима целим и јасним, које свако може да каже, и свако да осети дубоко у срцу. „Каква дивна ствар је вера!" закључио је тада Константин. И пустио је да прође неколико дана, да Инокентије стане на ноге, а после, већ је био донео одлуку, и наредио је новопросветљеном да га одведу браћи да их замоли да га приме у своју свету заједницу. Обојица су постали хришћани: и Константин и Инокентије. И сада су морали да се чувају јер су времена била тешка. И да се састају кришом са осталима. И да користе лозинке. И да су у сваком тренутку спремни на смрт, највиши задатак.

Године су пролазиле. Из Константинове радионице је изашло мноштво хришћанских рукописа расејаних широм Истока.

Свете заједнице су преко тајних гласника наручивале те лепе примерке које су с посебним задовољством проучавали на својим скуповима. У седамдесет седмој години Константин је мирно предао своју душу милостивом Божјем суду. Инокентије је преузео на себе одговорност заната. Његова вера је увек била топла. Његово срце испуњено добротом и скромношћу. Стекао је жену, такође хришћанку. Изродио је четворо деце, три мушка и једно женско. Прво од мушке деце био је Константин други, боље рећи, млађи.

Константин је растао у стрепњи због Христа. Сада су и кућа и радионица носиле хришћанска обележја. Прошло је оно прво мирно доба Константина старијег, она спокојна лепота и радост живота. Инокентије је остарео као хришћанин. Константин млађи се родио као хришћанин. Упијао је Христа кроз мајчино млеко. Још као малиша, када је једва могао да склопи коју реч, знао је да се моли, окренут према Истоку. Радионица је била пуна смртне неизвесности. И рукописи и људи су тамо ишчекивали судњи час. Врло забринута је била и кућа. Расла су деца, расла је и стрепња. Кадгод се чуло за прогон из Рима, далеког града, читаво царство, које је било хришћанско, склупчало би се као уплашени пас. Склупчао би се и Пергам јер се сваког дана испуњавао скуповима који су се заклињали у свето име Христово. Хиљаде и милиони људи су осећали како им срце дрхти због вести које су доносили путници и луталице овога света. Локална власт је била веома осетљива ствар. Њено ухо је било као у зеца, а око као у ласице. Бољи него код дресираног ловачког пса, био је њен нос да у ваздуху нањуши кривицу. Мирна времена су били само интервали у ћутању пуном ишчекивања. Све је ћутало; и све је било спремно да избије. У мучење и смрт. Једна велика туга, као зимска ноћ.

Христ је бдео, као онда, у Гетсиманском врту. Христ је ишао од улаза до улаза, од одаје до одаје и долазио је да умири и да одмори уморне и очајне, да утеши ожалошћене, да залечи болесне, да додели правду обесправљенима, да ојача немоћне, да подржи колебљиве, да усмери неодлучне, да пружи штап старости и узде младости, да преобрази незадрживу жеђ за животом у смирену сигурност, у философско посматрање света – и смрти. Уз Христову помоћ све би се успокојило. Испуњавала се до изобиља човекова самоћа. Упркос томе, човек је остајао човек, и то много човек, свако понаособ. Они који су случајно присуствовали страдању мученика, иако су осетили ојачаном своју веру, нису престали и да се сећају ужаса. Они који су од других чули о патњи Божјих светаца, додавали су још више својом маштом. Тако су оруђа пропасти постала свачији свакодневни кошмар. И свако јутро и свако вече, у часу молитве, свако је жарко молио Господа да му пружи снагу, која би му била потребна, да се суочи са евентуалним мучењем. Рим је био веома велики и веома удаљени град. Цареви су били господари овога света. Њихова моћ је била у стању да уништи народе, да збрише са лица земље чувене градове, као што је пре сто педесет година збрисала Јерусалим. Како да јој се супротстави то зрнце слачице што је био Христов човек? И није била само смрт. Смрт ћеш једном, шта да се ради, прихватити. Али како да прихватиш неописиво мучење? Смолу, катран, виле, стеге, гвоздени точак, ужарену шипку, колац, бич, нож који сече, како да прихватиш да ће ти кости разбити чекићем, да ће ти рашчеречити све удове, да ће ти ишчупати прамен по прамен, да ће те ушити у јарећу кожу, премазати катраном и смолом и упалити ватру, да ће те покопати живог са главом изнад земље и да ће те оставити потпуно самог у пустињи, док од твоје главе не остане само лобања, један мрачан и хладан призор ужаса и тишине, да ће те везати за реп бесног коња и оставити те као преврнутог тркача двоколице на милост и немилост судбини, да ће те затворити у буре пуно змија отровница и шкорпија, да ће те предати изгладнелом тигру, да ће те претворити у комичног лудака на врху мача вештог гладијатора?

Ове и друге сличне ствари човек може да замишља, може да измишља, али не и да поднесе. Јер, упркос свему, човек је тело. И то тело је неподношљиво у часу када бива мучено. Његов бол је непосредан, има нечег недостижног и непобитног у себи. Тако сада, више него икада, живот хришћанина је припреман за смрт. Крст, најузвишенији симбол. Крст је јачао дух пожртвовања, увећавао издржљивост. Био је велика утеха и велика нада. Један разапети Христ, тај Христ на Голготи, био је једини који је заправо имао права да говори. Он је био мучен, могао је, дакле, да говори. И верник је морао ту патњу да учини својом, вежбом сваког тренутка, морао је сваког тренутка да осећа у себи разапетог и васкрслог Христа, како не би у живот ишао слепо, без водича. Мучење је било свакодневна судбина. Људи благи, који су дрхтали да случајно не згазе мрава, налазили су у себи снаге, и било је увек несхватљиво како су је налазили, да усред пламена стоје непомични, док се не претворе у угљенисану грану лозе. Вера је била незаустављиво чудо. Зар се може веровати тако јако? Можда је то тајна блаженства. Јер вера је увек спокој и сигурност. Само тако зрнце слачице успева да победи царство. Зрнце слачице заповеда планини да се помери. И планина мења место. Зрнце слачице размишља о цару са страхом и ужасом. Можда оно још није осетило да и цар размишља само о њему. Јер ће оно дати корен који ће уз стрпљење, временом оборити царство.

Власт је, међутим, за сада необорива. И сви, крајеви и људи, успаниче се, чим се деси да чују њено тешко дисање што представља заповест и претњу смрти. Из дана у дан свет се сужава. Мрачно небо прети да се сруши и да се сједини с тужним лицем земље. Инокентије је једне вечери окупио око себе своју жену и децу. Лице му је било забринуто, очи набрекле од непроливених суза, кроз грло му иде и враћа се јецај. Сви ћуте. Између њих постоји само Христ, највећа брига.

— Решио сам да напустимо овај крај, ракао је Инокентије.

Жена, Архипа се зваше, сагла се да га боље погледа. Реч је врло тешка. У Пергаму су живеле све генерације њихових предака. Корен за кореном, родитељ за родитељем, на његовом тлу су васкрсли, на његовом тлу су легли да се одморе сви они који су морали да дођу пре њих на овај свет. Кад се одричеш предака то је као да ломиш грану на којој стојиш. Да није предака, зар би постојао? Ти си кап њихове крви, једина кап која је остала да живи. Ти си време које наставља време предака.

– Донео сам одлуку да напустимо овај крај, ракао је опет Инокентије. Живимо у љусци која је направљена од сумњи. Суседи нас криво гледају, власт нас мрзи. Ако дође ново време прогона, сви ћемо пропасти. Митродор и његово осморо деце су отишли. Продали су кућу, покупили су све што су могли, суседима су доста поделили и дигли су сидро једне ноћи и нестали. Антистен се такође спрема да оде. Сакати човек са пола ноге, и он се спрема да оде.

– Обојица, које си споменуо, одговорила је Архипа, од рођења су пропали. Боје се и своје сенке. Ни за своју веру нису сигурни. Ми смо нешто друго, Инокентије. Ми не спадамо међу оне који беже. Спадамо међу оне који остају, који умеју да гину, ако затреба.

Инокентије је с љубављу и поштовањем гледао достојанствену жену.

– Не мислим на нас, одговорио је. Мислим на децу.

Устао је Константин, његове очи су биле између земље и неба. Невероватна визија путовала је њиховом дубином. Као једро, које је отпловило из рајских лука, путовала је та визија.

– Оче, ми смо твоја деца, деца твоја и мајчина. Можеш бити сигуран у сваком тренутку.

Инокентије га је загрлио погледом нежности.

– Не, немам никаквих сумњи, одговорио је Инокентије. Али овде је стање врло тешко. Рим наређује. Може и сада, из сата у сат, да нареди да униште хришћане. Искуство нас је, без сумње, научило да је веома озбиљна ствар када Рим наређује. Међутим, његове наредбе немају у свим местима исти облик. То је као она животиња, мислим да се зове камелеон, која мења боју у зависности од околине. На зеленој трави је зелен, а на неплодној земљи пепељаст. Наредбе Рима добијају другу тежину, другу снагу од једног места до другог. Централна власт је подељена на неколико мањих власти. Какав је човек у сваком граду, у свакој провинцији, који има ту најмању власт, то је питање!

– Који човек? упитала је ћерка Јунија, не схватајући најбоље шта жели да каже.

– Који човек? одговорио је Инокентије. Овде у Пергаму, Волтуркије. Он је одувек у одличним односима са Сенатом. Наша провинција је по његовом укусу. Не постоје изгледи да ће отићи. А сви ми Волтуркија врло добро познајемо.

– Прави Еосфор[1]! рекла је тихо Архипа.

– Прави Еосфор. Волтуркије само чека наредбу Рима да се окоми на хришћане. Он је фанатик старе вере. Можда је и паметнији од других да боље намирише опасност. Са Волтуркијем је живот у Пергаму постао врло тежак.

– И куда хоћеш да одемо? упитала је забринуто Архипа.

– Отићи ћемо у Ефес.

– У Ефес? упитала су углас сва деца. Било је више него јасно да нису помислили ни на шта друго него само на путовање и на славу града.

– Да, у Ефес. Мислим да је тамо живот лакши. Много људи, велика лука, дубоке клисуре, пећине за прогнане птице, схватате шта хоћу да кажем.

Тако су одлучили да оду у Ефес. Ово се десило неколико година пре него што је Декије освојио римски престо. Инокентије се уз велику опрезност побринуо, предузимајући мере да ствар не крене да се шири од уста до уста, да нађе занатлију да му про-

---

[1] Луцифер. *(Прим. прев.)*

да радионицу. Био је то један шегрт који је заволео занат. Његово име је било Хермодор. Његово порекло је било из Византа. Млади паганин, веома разборит и начитан, нашао је у учитељу Инокентију помагача и заштитника, а не господара. Сви остали у радионици заклињали су се у реч Христову. Можда би и Хермодор временом могао да заволи Назарећанина; али, за сада је био поуздан паганин. Још се био заручио с Ерифилом, ћерком неког трговца, и стално је размишљао да отвори своју радионицу. Уосталом поседовао је и известан иметак. Тако Хермодор није примио Инокентијев предлог равнодушно. Уговорили су добру цену, одредили су и време. Наиме, Инокентије је морао да обави још многе послове док не крене за Ефес.

Продао је винограде, њиве, кућу. Све што је добио од винограда и њива дао је браћи за потребе свете синаксе[1]. Са новцем који је добио од куће, отишао је у Ефес и купио је другу. Тамо је имао многе верне пријатеље. Затим је слао књиге, мало-помало. Отац Константин му је био оставио огромно благо, лепе грчке рукописе. Међу њима је било и неких латинских – посебно историчара и философа. Послао је и хришћанске рукописе – и пријатељи, којима је био дао кључ од куће, све су их покупили и ставили на сигурно да их нађе нетакнуте кад дође заувек, ако Бог да. И једне ноћи, са сузама у очима, због вољене земље отаца, почели су полако да се спуштају низ пергамске пределе, кроз поља, а оданде да се пењу уз планине. Зима се приближавала, ноћни мраз је био оштар, ишли су из села у село, ноћили су по гостионицама, на свом путу су вешто избегавали случајне, неодговарајуће дружине и корачали су ка новој срећи.

Пергам, који су напустили, био је велики и леп град. Међутим, Ефес им је изгледао још лепши и ве-

---

[1] Црквени скуп, збор, скупштина. *(Прим.прев.)*

ћи, први пут га гледајући са зеленог узвишења, са морем узнапредовале јесени у дубини. Деца су уистину била очарана. Други људи, други свет. Деца увек воле да започињу нови живот. И деца су нова и новооткривено заслепљује њихове неуке и неискусне очи. И лепа је ствар гледати свет невиним погледом детета.

Кућа их је чекала у Ефесу. У њој је била једна друкчија топлина коју су дубоко у срцу осетили странци што су нашли нову земљу у којој ће пустити корење. Пријатељи су их чекали с узбудљивом љубављу. Нису сви били хришћани. Били су и неки пагани, верни Константину старијем, који су чували нетакнуто поштовање према уметности и мудрости његове генерације. Чак је и неки Зенофан поседовао богату библиотеку, поручену читаву у Ефесу, у радионици Константина и Инокентија. Имао је и једног Херонда, Херонда богохулника, накићеног лепим минијатурама и другим украсима. Био је то прехришћански Херонд, хоћу да кажем Херонд направљен пре него што је Константин постао хришћанин. Дакле, из времена када му неки такви брбљивци нису били непријатни.

Инокентије је отворио нову радионицу на ефеском тргу. Морао је да се такмичи са старима које је познавао богати свет жељан знања, али и он је био на добром гласу. Тако је за кратко време све кренуло својим путем. И Архипа, која је много мислила на Пергам и своју родбину која је остала тамо, могла је полако да се смири и да верује да је живот свуда могућ поред вољеног мужа и деце, уз Христа и људе који се покоравају Његовој речи. Света синакса у Ефесу није била међу најсиромашнијима. Сећање на вољеног апостола држало ју је у светој будности. Инокентије је пријавио браћи своје присуство. И сви „се обрадоваше великом радошћу".

Инокентијево срце се умирило. Херодијан, који је тада владао Ефесом, био је стари војник који је половину свог живота провео борећи се у Малој Азији и Северној Африци. Волео је борбу, јунаштво, не заседу. Био је веома озбиљног морала, у понашању груб, али је у својим старачким грудима скривао јуначко срце. Ништа друго није желео него да народи буду верни законима и власти и да не ометају њен посао који је био поверен њима на чување и заштиту. Хришћани нису били противници закона, нису ометали власт. Били су грађани који су поштовали закон и били верни цареви војници. Могао си да се огрешиш о њих, а они нису желели, нити су се трудили, да ти врате мило за драго. Често ти их је било жао кад би видео колико су несрећни и намучени и скромни и вољни да окрену и други образ ономе који их је ударио по једном. Такво понашање било је, наравно, Херодијану несхватљиво. Међутим, његов ратни полет је пао, старост га је већ посипала својим пепелом и уместо да се љути на хришћанско самоодрицање, покушавао је да га схвати. Можда се у њему замућено појављивала грижа савести, сада при крају, због крви коју је пролио и градова које је разорио. Мучитељ никад није био, али је био убица, и непоколебљив за напредак Рима. Био је један од оних старих који верују у царство. Царство је била сила, али у исто време дисциплина и ред. Херодијан није имао уши за све оно што је у Риму било потпуно јасно: напредно уништавање. Био је то човек старог Рима, а не Рима трећег века.

Сетимо се Марка. Говорио је о царству, о власти и његово срце је било пуно покорности. И Агатије, који је видео толико тога, плашио се Рима. Зато што је Рим био општи узор. У Ефесу, Рим је био Херодијан. У Пергаму Волтуркије. У Милету је било неко чудовиште подземног света, једна звер сувоњава, крљуштаста и без покајања, Паладије. Ето дакле, како је, као што смо већ рекли, власт из места у место добијала обличје човека који ју је оличавао. За име Божје! На крају крајева, и Волтуркије и Паладије и Херодијан били су Рим; а Рим је био болесно царство, пуно жучи и киселине. Једно велико тело које се много раширило на копну и мору. И по том телу са страшним чиревима, ходали су хришћани са својим свећама, са својим светиљкама, ходали су хришћани као мрави. Хвалили су Бога и њихове похвале биле су као посмртна песма, посмртна песма Риму који се непрекидно ближио пропасти. Имали су страшну снагу ти мрави. Стрпљењем, невиђеном издржљивошћу у мучењу, неуспаваним оптимизмом, будношћу душе и ума. Беше то божанска лудост, тиха, подмукла лудост, која се ширила попут заразе по копнима и морима. Где год се налазио, уз мало пажње и тражења, наишао би на хришћанина. Имао је неки посебан израз, неки посебан начин, неки свој језик и једну застрашујућу сигурност, сигурност која те је бацала у очајање, ако си био паганин, противник. Херодијан је, када је размишљао о рату, помишљао на Парћанина, на Нумиђанина, на Иберијца, на Гала, на овог и оног: на једно лице, на један народ, на једну одређену област. За њега си знао. Знао си где ћеш ратовати с њим. И начин на који ћеш ратовати. А хришћанина? Тај је могао бити и Парћанин, и Нумиђанин и Гал. Тај се свуда налазио. Морао би свуда да га потражиш, да га натераш да изађе из свог скровишта, да га проклињеш, да му поставиш заседу, да би га пронашао. Он беше једно вечито, немо присуство. Један народ посејан међу свим народима, са једним јединим завичајем, Јерусалимом.

Инокентијева радионица није дуго чекала да стекне велику славу и у Ефесу. Кућа се умирила. Међу суседима је било највише хришћана, а остали су са симпатијом гледали на хришћане. И Архипи је пошло за руком да убрзо стекне нова познанства и да некако заборави земљу предака, Пергам. Прошла је зима, а те године је била оштра, процветале су долине, заблистало је море пролећним слатким уздисајима. Дошло је и лето. И било је топло и благо. И опет је дошла зима. И прошло је неколико година и чинило се као да се живот разведрио, упркос претњи која није престајала да постоји. Тада се чуло да се и Марко, велики путујући трговац, преселио због свога сина, Јамблиха. И Инокентије је славио Бога, што је улио светлост невенуће добре воље у користољубиво срце трговца, чије богатство је свуда било чувено.

5.
БЛИЗАНЦИ МАКСИМИЛИЈАН И МАРТИНИЈАН

Ови младићи, Максимилијан и Мартинијан, били су близанци, рођени у Смирни. Њихов отац је био носач у луци, а кућица, у којој је живела њихова многочлана породица, налазила се близу акропоља града, на Пагу, до пола укопана у стени, а друга половина сазидана од опеке и цигле. Свет напаћен од прогона људи почивао је ту около, близу господских кућа. Надничари, који под сунцем нису имали среће, беспосличари, који ништа друго нису сањали осим парчета хлеба, сакати, који су живели од милости господара, бројна светина, која је вребала дан када ће Римљани свакоме разделти шаку пшенице и терати је да кличе „живео" за све што људски ум може и не може да замисли.

Немаштина је страшна ствар. Понижава човека. Исушује му ум и душу. Целокупно његово тело претвара се у гладан желудац. И гладан желудац нема морала. Има само глад. Смрт је била друг у тим тужним буџацима. Будном су је држале болест и немаштина. Лењивци и вредни, који су полако венули немајући шта да раде, стрмоглављивали су се из понора у понор. И како се брдо Паг нагло спушта у луку, тако се и тај сиромашан слој вукао до многољудног пристаништа, где је везивао велике бродове, како би за дан зарадио нешто на овај или онај начин. Велика лука је била Смирна, са даноноћним прометом. Људи су одлазили, људи су стизали са свих страна света, из Африке и Азије, с европских обала, са свих страна. Шарено мноштво стварало је буку на плочнику, робови и господари су се попут мрава скупљали под јонским сунцем. Ту су расе трговале, сусретале су се испитивачки једна с другом иако то нису показивале, пратиле су једна другу. И галије, које су допловљавале из Остије или Бриндизија, истоваривале су, с времена на време, огроман број војника, јер се Рим није ни за тренутак смиривао. Копненим или поморским путевима, слао је своје људе да се боре за његову безбедност, да покоре и друге народе, да спрече побуне или да подрже цареве који су се смењивали на престолу цезара запањујућом брзином и снагом крвопролића. Један је убијао другог. Јер није се могао наћи великаш, војсковођа у провинцији или господар у граду, у престоници, а да није пожелео врховну власт. И нико није био саздан да застраши крв. И привремени победници су пливали у венама побеђених као у реци. Само се снага уважавала: да можеш да заповедаш. Да сакупљаш богатсво и да богатством можеш све да купиш: пријатеље, заштитнике, степенике, које су ти били потребни, да би могао да се успнеш. Колико људи у то време, у свако време, није било спремно да се прода? Људи се продају. То је сигурно. И није важна сама продаја. Важна је цена и добит. Све остало су само теорије.

О много чему би могао човек да размишља док се шета пристаништем Смирне, проучавајући бродске заставе и посебно обележја људи, тај Запад, тај Југ, све хоризонте, који су се ређали један за другим, као венци, како би створили нови Вавилон, ту велику луку. И из свега тога је увек куцало прастаро грчко срце, неокаљана врлина, племенитост. Беше то Хомер који је певао поред реке, беше то светлост која је падала на образ мермера, беше море са древном тријером, која упркос свему није помишљала да умре. И ако би се случајно, у праскозорју, нашао на врху Пага, док се сунце пењало на радостан свет и бацало око себе поглед, осећао би да се око тебе не налази ништа друго до земља и вода грчка, тај посебан квалитет, необјашњив, а то је био твој крај – ако си био Грк! И дичио би се, јер су те људске масе, које су ишле улицама града и по луци без циља, били варвари, поданици бесмртног сећања, а то си био ти, Грк трећег века, мало закаснели. Један такав Грк био је и тај потпуно сиромашни надничар, носач Антифил. Његова деца су била близанци. На падини Пага, у лагуму где се налазила кућа, није боравила само брига о породици. Боравили су и неки преци, који су у нека веома наопака времена бранили славу краја. И долазило је време да тај човек, Антифил, буде мало спокојан: донео је кући хлеба и вина. Шта друго да пожели? Више од тога су похлепа и брига. Тада би окупљао око себе децу, своје две кћери, Мелису и Ламбету, своја четири сина, Ламбокла, Филипа, Максимилијана и Мартинијана, и жену Хипонику, и говорио им је о оном што је било пре, о ономе што је сазнао од предака, од људи који су на ову земљу дошли раније. И његово причање је било слатко јер је имао природан дар да свашта приповеда, душа му је била пребогата и цветало је као пролећна башта његово болно срце. Парче хлеба, пун крчаг вина, били су срећа те куће. На хиљаде људи је одлазило на спавање гладно, без светиљке, без наде, плашило се сунца које би изашло следећег јутра иза планине, на хиљаде људи је трошило мрвицу памети, што су им подарили дарежљиви богови, да би смислило превару и крађу, кад им већ ништа друго није преостајало да би преживели. Па зар је Антифил могао да се жали, чија су плећа и мишице још биле снажне и могле да дижу читаве товаре, а да не поклекне и не падне, осим од умора и зноја који је проливао зарађујући за живот, понекад чак и више, ако је којим случајем газда био опијен женом и задовољан? У времену када је сваки пробисвет предвече силазио до луке са својом кћерком, бледом и гладном, и продавао је морнарима за једну ноћ, за пола ноћи, а други своје жене, да не би умрли од глади. Како би Антифил могао да се пожали, који је, на крају крајева, успевао на овај или онај начин да отхрани чопор деце?

Једног је јутра сусед Херофан из Лампсака нађен обешен на капији. Пребацио је конопац преко греде, ставио је омчу око врата и висио је испружених ногу и руку, тужни нервчик, насред широм отворених врата. Очи су му биле исколачене, језик отекао, црн, пун крви и пљувачке, висио је као комад поквареног меса између отечених усана. Образи су му били модри од агоније. Сама агонија је био тај несрећни Херофан. Суседи су се окупили око њега да гледају како виси. Било је ту и неке дечурлије која се тупо смејала јер није осећала човекову патњу, већ је описивала његове гримасе. Његова несрећна жена је кукала обесивши се о његове ноге које су висиле. Пуста је била њихова кућа, без потомства и усамљени њих двоје; и разболео се Херофан, био је већ човек у годинама, а није могао да нађе посао, да би некако животарио под старе дане. И тако је донео кобну одлуку, устао је као лопов, да га жена, која је спавала, не би приметила, и дигао је руку на себе јер је био бескористан. И било је тужно гледати човека који је од свог тела начинио страшило за птице, а жену, хрпу изгладнелих костију, како плаче; и било је тужно мислити како птичица у зору на земљи налази зрно пшенице да нахрани своје тело, своје шарено перје и свој цвркут, а да црни човек не може.

Велика несрећа, велико сиромаштво, много болести било је у тим лагумима, крај Пага. И богови су ходали по таласима, пуни осмеха, пуни лепоте, и богови су путовали безбрижни по сјајном етру, задовољни што су од камена створили Деукалиона и Пиру, мушкарце и жене, и оставили су их све, мушкарце и жене, да пате без милости у справи за бескрајно мучење.

– Велики је шаљивџија био тај Зевс, ракао је једно вече Антифилу неки сусед, по имену Андокид. Био је надувен од вина, по свој прилици, од оног јаког вина што пију на Олимпу, и дошао је до идеје да ову тамну и неплодну земљу људима напуни. И бацио је по бескрајним пустињама радосну светлост и учинио је да се сува пустиња напуни водом и у њој никне трава. И створио је мушкарце по Ганимедовом узору, а жене по Пандорином. Био је то један прелеп свет, до те мере леп да му је и сам Зевс завидео. И рекао је себи: посадићу сада у њиховом срцу жудњу, а у телу слабост; послаћу им глад и срџбу, завист и хвалисавост, бескорисну мудрост и жеђ за влашћу. Овде на Олимпу живот је постао веома досадан. Да се позабавим мало људима! Антифиле, пријатељу мој, закључио је те вечери Андокид, ми смо коцке с којима се играју деца, у рукама богова. Богови од нас траже милост, а сами су бескрајно сурови. Сећаш ли се тог Херофана, који се ономад обесио? Ми смо га оплакали. Богови, сигуран сам, уопште нису плакали. Само су се забављали: каква лепа представа! Ево једног обешеног који је вредан труда! Вероватно су рекли. Богови су створили кривицу, Антифиле, пријатељу мој, само да могу да нас муче. За себе су задржали освету.

Антифил се ужаснуо.

– Ти си богохулник! одговорио је том брбљивом Андокиду. Зевс ће те казнити! Упериће на тебе свој гром!

– Његов гром су кучине поквашене катраном. Не мислиш ваљда да сам ја Семела која га је видела како бљешти и предала му се. Семела је била жена. А шта је друго могла да уради? Предала му се!

Накратко је међу њима завладала тишина. Затим је Антифил тихо упитао:

– Да ниси и ти постао хришћанин?

– Не мењам ја господара! одговорио је Андокид. Навикао сам се сада на Зевса и, као што видиш, не секирам се много због њега! С њим излазим на крај. Не, не мењам господара!

Ноћ је била блага, једна смирнејска ноћ. Све звезде Егејског мора су шапутале, певушиле путујући својим плавим крилима. Антифил, носач-надничар, легао је испред свог лагума и заспао. Унутра је спавала жена с децом. Човек лако постаје срећан, уз парче хлеба ако га је дуго био лишен.

Устао је кад је тек почело да свиће, сишао је у луку. Требало је да се истовари један велики брод, пун робе из Ијопе[1]. То му је било први пут да долази у смирнејску луку. Капетан је био Јеврејин из Дамаска, човек уредне браде, благих очију. Налик на њега, били су и сви они који су радили под његовом командом. Ликови бледи и мало меланхолични, лаког корака и лаганог погледа, од чега ти није било тешко, тихог говора, увек срдачног што одмара срце. Идући горе-доле по броду, носећи робу, Антифил је стално мислио на Андокида. На његове богохулне шале. У једном је тренутку осетио бол у крстима. Налазио се на палуби. Повукао се у ћошак, попут уплашене животиње, да се одмори. У том тренутку појавио се капетан. Једва је Антифил успео да стане на своје ноге. И да се поново прихвати посла.

– Седи! наложио му је умиљато капетан. Седи! Одмори се!

Да не поверујеш! Да у трећем веку човек каже другом човеку: одмори се! Антифил се збунио. Погледао је капетана, и поново га је погледао, очекујући псовке и прекор, али капетан га је поново позвао да се одмори. Шта да уради Антифил, шта да каже? Сео је доле, погледао је пучину, остале бродове, без речи. Дошао је и неки морнар, стао је крај њега. Био је пробисвет, како се чинило.

– Чудан капетан, зар не? упитао га је.
– Врло чудан! одговорио му је Антифил.

---
[1] Данашња Јафа.

Морнар је ставио руку преко усана, препоручујући му тишину.

– Постао је хришћанин. Има већ три месеца. Нов је, као што видиш. Чекај да време прође и видећеш какав ће и он постати!

Антифил стаде поново да размишља. Смирна је била пуна хришћана. Није му било први пут да се сурео с хришћанином. Међутим, први пут је у луци, међу трговцима и капетанима, срео такву слаткоречивост и толику милост! Сазнао је и његово име. Звали су га Јефрем. Његово порекло било је из Јерихона. Он је био рођен у Damasku. Био је једини из своје породице који је примио веру Христову. Остали су остали верни Јехови. Његов старији брат рано је умро, оставивши за собом жену и децу. И један брод. Јефрем је решио да преузме команду брода. Друге планове имао је Јефрем у животу, али ствари не бивају увек како ми желимо. Тако је Јефрем постао капетан и бринуо се и о братовљевој породици. Ово је прича коју је Антифил, лучки носач, чуо тог дана у луци Смирне. Ноћу се вратио кући сав у чуду.

– Пустио ме је да се одморим! испричао је. Није ме ни опсовао, нити ме је ударио. Сетио сам се капетана из Остије који ми је, пре неки дан, својим бичем леђа оставио сва модра јер сам на трен застао. Постоје ли у свету, дакле, људи такве доброте?

– Да није луд!? одговорила му је жена. Јер само лудак може да дозволи носачима да се одморе.

– Не, није лудак. Милостив је.

– Исто ти дође! одговорила му је жена. И доброта је лудост.

Толико су патња и лоше поступање огрубели људско срце да више не верују у доброту. Тако је Антифил те ноћи заспао мислећи на капетана Јефрема који га је пустио да се одмори, и на Христа који је усадио доброту у Јефремово срце. Једну реч му је капетан рекао и његово јадно срце се испунило јутарњом светлошћу! Напор дана се умирио у дубоком спокоју његовог тела. Каква је дакле била та чаробна моћ која је до те мере могла да мења људе? Чаробна моћ је био Христ! И те ноћи је Антифил у сну видео Христа. Био је то црномањаст човек, црних очију и сетан, чији лик је зрачио тужном самилошћу. Ходао је по неком брду пуном вреска, босоног, као носач, и огромно мноштво људи га је следило. Стао је на врх брда, сео је на камен и дошли су и други да седну око њега. Почео је да говори, а његов говор је био сладак, попут шећерне трске, коју је Антифил понекад крао са брода из северне Африке. Међутим, Антифил није могао да разабере тај говор; ухо човека још није чуло језик којим је Христ говорио на брду вреска. Међутим, Антифил је осетио његов смисао. Било је то обећање. Обећање у један бољи свет. Беше то једна велика нада. Антифил се пробудио пре времена и сео је на своју постељу. Бацио је поглед око себе, на децу, на жену. Чуо је њихово мирно дисање усред тихе ноћи. Светиљка је још горела. Кроз отворен прозор видело се парче ведрог неба. Помислио је на Андокида, на Јефрема, на Христа. Осетио је велико олакшање у себи, неки спокој у срцу. Он, нико и ништа, постајао је неко. Сећа се да је Христ рекао нешто слично. Каква чудна прича! Чуо је да су многи хришћани постали верници у једном трену, у једном великом трену, када ни сами то нису очекивали. Христ је могао да види које је срце било спремно. И долазио је и говорио му у сну. И срце се одазивало на позив – не због нечег другог, него само зато што је било спремно.

Свануло је јутро, Антифил је жени испричао сан. Деца су слушала очарана. Међутим, ништа нису одговарала. Ни жена ништа није рекла. Антифил је поново сишао у луку. Поново је радио на истом броду. Капетан није био тамо. То није било необично. Капетани би, чим завежу брод, одлазили код жена и у крчме, поверавајући посао нижим. Они би само бацали поглед да виде да ли се посао добро обавља; љутили су се, псовали, тукли и поново су одлазили. Враћали су се, тукли и опет су одлазили, док се брод не би испразнио. Последњу ноћ, пре одласка, проводили би у великом блуду. Међутим, Јефрем се одрекао и ситости тела и неодмереног језика.

— Иде својима, хришћанима! ракао је морнар, онај пробисвет, Антифилу. Где год се усидримо, тако ради. Иде својима, својој „браћи". И исмевао је, не Антифила, него капетана, неком смешном гримасом.

Око поднева се Јефрем попео на брод. Водио је са собом и петорицу-шесторицу „браће". Искрцао би их у Ијопу да оду у крајеве предака. То су били људи његовог соја, који су веровали у Христа. Скуп је био тих и веома озбиљан. Антифил је носио и гледао, пажљиво га је испитивао. Није знао шта му се збива. Очаравао га је израз тих људи. И нису били неки великаши. Већина су били сиромаси и скромни људи. Али, ето, победили су сиромаштво. Како, дакле, можеш да победиш сиромаштво? Изгледа да донекле и можеш, помислио је Антифил. Сиромаштво, не глад. Глад се ничим не може победити. Глад тражи хлеба, не тражи речи. Сетио се Херофана. Како би спасао Херофана? Проповедањем? Наравно да не. Херофан би се спасао од омче парчетом хлеба. Зар је то толико тешко? Изгледа да је врло тешко. Антифил је носач који размишља. Можда му је то мана. Носач не треба да мисли. Што је мањи број оних који мисле на овом свету, утолико боље. Јер, када почнеш да размишљаш, тешко је предвидети где ћеш стати. Знаш ли шта значи да носиш на леђима џак тежак товар и по, и још да размишљаш? Ето ти дакле опасног луксуза. Да, тако ти Зевса, врло опасног! Антифил иде, враћа се, одлази горе-доле, посматра „браћу", која ћутке седе на клупи а његово срце и ум не мирују. Има своју веру, своју породицу, своју беду. Зар му те бриге нису довољне?

Христ је стајао на брду вреска. Говорио је тихо, а свет га је слушао. Шта им је Христ говорио? Антифил није разабирао његове речи, али је осетио обећање. Зар је и Христ био само једно обећање? Овде размишља и о нечем другом: да, кад је живот црн и мрачан, само обећање може да помогне. То је као обећање лекара тешком болеснику. Обећање о спасењу постаје снага. И та снага доноси спас. Тако некако бива. Али које спасење? Антифил је још размишљао. Дакле: хлеб! И то може, може све.

Ближи се вече, Антифил је поново у кући био веома забринут. За име Зевса, још један чудан дан! Жена га је упитала:

– Јефрем није отишао? Брод из Ијопе још није отпловио?

Жене многе ствари не схватају, међутим – а то је најважније – осећају их. Оне су као ловачки пси, нањуше оно што ће доћи.

Тако су почели невероватни дани, разговори носача са Христом. Отприлике, око двеста година до тада, људи су, с једног краја Истока до другог, разговарали са Христом. Христ је био испунио путеве, градове, пустиње. Свуда, у голој стени, на грани која подсећа на пролеће, у бунару и на извору воде, на кућном прагу и на раскрсници, на збору бројног народа, у постељи сиромаха и у колевци детета и у постељи болесног, свуда где има уморних, измучених и грешних, Христ је ћутке вребао. Христ, невидљив, налазио се у свакој кући; иза сваких врата; у сваком лагуму, поред сваке душе. Био је вечити путоказ, цвет који је цветао у свакој бразди, реч која је звучала на свим уснама. Његово присуство је покривало Исток. Морао си или да станеш уз њега или против њега.

Антифил није био против њега, слушао га је. Ноћи су добиле глас; био је то Христ који је говорио. Сва лица су носила на себи обележје. Био је Христ или Антихрист, који се налазио на том обележју. Ваздух је био пун порука. Киша је појала еухаристије или је бацала клетве на суву земљу. Светлост је била створена од провидног праха који је Христ остављао за собом, пролазећи лаганим ходом. „Небеса приповедају славу Божју". Верници и неверници бринули су се о њему. Христ је био неуспавана брига, будно размишљање, незаустављива страст.

Тако је и Антифил, неосетно, претворио Христа у своју бригу и болест. Непрестано је размишљао само о овоме: да ли је Христ једина истина? Да ли је Христ у праву? Било би врло утешно и, у исто време, веома неподношљиво да је Христ једина истина.

— Изгубих мужа! говорила је сама са собом Хипоника. Тај весељак, шаљивџија и безбрижни надничар, хоће по сваку цену да буде мудрац.

— Проклет да је тај човек, тај Јефрем! говорила је опет сама са собом.

Стигла је зима. Христ је дошао и сео крај огњишта. И почео је да прича приче. Дрва су се распламсала, а северац је шибао по прагу.

— Морам да знам зашто постојим. Какав сам то човек, ако не знам зашто постојим? Ако не знам где се налазим, одакле сам дошао и куда идем?

Једног дана на броду, чуо је Јефремову „браћу" како причају о таквим стварима. До тог дана Антифил никад није ни помислио да је неопходно знати зашто постоји. Од тога нема слађе ствари: да постојиш. Да удишеш пуним плућима јутарњи ваздух, да утољаваш своју глад, да лежиш поред своје жене и да заспиш исцрпљен као дете које се наиграло. Живот је врло једноставна ствар. Крчаг свеже воде из летњег бунара. Сноп зрелог класја на крстинама белог поља. Ружа која отвара своје латице према светлости. Једро које плови по тихом плавом мору. Песма љубави. Све то је врло лепо, врло велико. Која је то потреба да све то има неки други смисао осим оног првобитног и непобитног, тј. да постоји? Која је потреба да верујеш у нешто што твоје очи не виде, да се потуцаш идући по неком непознатом свету? Да испуњаваш срце питањима и сумњама? Ако све то осећаш дубоко у души, ако те све то радује, зашто мораш тога да се одрекнеш? Због тога што је узалудно и пролазно? Па и ти си пролазан и узалудан. И зашто да ниси? Колико нас може бити на овој земљи? Кад дође твоје време, отићи ћеш уз божју милост. И доћи ће други. По свом реду. Док и они не оду. Као позвани на гозбу. Зар то није једноставно? И зашто да не буде?

Међутим, чим размишљање управља твојим невештим умом, све се замрси, све добија висину које можда нема, све добија дубину, која му можда није неопходна. Да, али у међувремену у човеку се рађа један други човек. А тај други човек има лепоту смрти: једно тихо забринуто лице, две спокојне руке. Тамо где је све било ништа, појављује се ружичаста нова зора. Изнад неминових гробова бдију анђели спасења са белим крилима. Отварају се путеви невероватних дужина. Један свет пун похвала пева бесмртну химну даље од најудаљенијих звезда. Како, дакле, да се не уздигне тужно човеково срце? Како да Антифил смогне снаге да поднесе толику наду, а да се сав не најежи?

Ушао је сиромах у страшну борбу. Сваког дана слушао је о људима који пробају божанско вино и опијају се, који додирују вечност својим уморним прстима и подмлађују се. Који напуштају породице и огњишта, и полазе путем самоће; који, иако сами неписмени, постају изненада учени и говоре новим језицима. Који, и поред своје понизности, владају господарима земље, јер налазе снагу да им се супротставе и да презру њихове наредбе. „Твоје заповести светлост на земљи". То су ласте које најављују пролеће. И ласте се стално множе.

Чуо је Антифил да је један његов брат, по имену Зопир, који је пре неколико година отишао у Киликију, већ одавно постао хришћанин. Његова кућа се налази у Тарсу, у завичају апостола Павла. Одлучио се, дакле, Антифил да му на кратко време пошаље своја два сина близанца, Максимилијана и Мартинијана, да им отвори очи примером и учењем, ако се у међувремену већ није одрекао Христа тај заборављени Зопир. Антифил је био сигуран да се нико не одриче Христа кад једном прими његову веру. Али сумња му је потребна како би се оправдао Хипоники.

Путовање је било дуго, захтевало је напор и новац. Деца, срећна што ће видети ново копно, ново море, уопште нису мислила на напор. Али где да нађу новца? Тек су закорачила у седамнаесту годину. Антифил их је поверио неком сиромашном учитељу из доњег суседства, близу луке, да им просветли ум. А ако је било прилике, зарађивали су и они ту и тамо, понекад, парче хлеба. Хипоника је била огорчена што је њен муж неочекивано сишао с ума. Да планира путовање кроз брда и долине, кроз безбројне градове. И да пошаље близанце саме на крај света, да нађу Зопира, који се претворио у бајку. Наиме, Зопир већ дуги низ година није слао никакве вести о себи. Можда је напустио Тарс; можда је био мртав. Зар не би било боље, помислила је, да оду код „браће" у Смирни, да предају децу да их они науче? Међутим, Антифил о томе није хтео ни да чује. Пред његовим очима је лепршала узаврела машта са шареним визијама, Тарс. Зопир је био тежак човек, од оних који се распитају до изнемоглости. Од Зопира би сазнао истину. Зопир хришћанин, могао би да и од деце направи праве хришћане. Уосталом, чуо га је као хришћанина. А ако није? Тим боље, размишљао је Антифил. Истина, много је та брига мучила јадног носача. До те мере да су се и суседи чудили. Та зараза, Христ, заразила је и Антифила. Неке такве је увек нападао. Сиромашне домаћине, надничаре, доконе, неизлечиве болеснике и покајане блуднике. Тако су суседи мислили. „Понизне овог света Бог је одабрао". Није остало људског отпада који се није нашао уз Христа.

После Христа, Зопир је постао његова друга велика брига. Његово име, невероватно, чаробно, испунило је кућу. Деца га нису познавала. Хипоника га се једва сећала. Био је заиста тежак човек. Неко време је седео у луци и дангубио. Касније је научио да прави корпе. Правио их је код куће, силазио је у пазар, продавао их је и опијао се. Таква је била судбина Зопирових корпи: да их попије. Вино га је надувало. Постао је један млитав човек, црвеног носа, упаљених очију, тужан Силен. И једног дана се решио и престао је да пије. Велика је то ствар и Антифил је то добро запамптио, Зопир је престао да пије. Разлог је изгледа била жена, једна млада прелепа девојка, коју је Зопир страсно заволео, за коју је Зопир у суседству непрестано певао да би девојка слушала његову песму и уживала. Међутим, девојка је другоме дала своје топло срце. Отишла је из краја у Пергам са човеком ког је волела. Тада је и Зопир одлучио да потражи нови завичај, спремио је своју торбу, пребацио је преко рамена и пошао. Антифил се веома растужио што је губио брата макар био какав је и био. С времена на време добијао је о њему неке вести. На крају је чуо да је у Тарсу. И чуо је да је постао хришћанин. Копам по старим хроникама не бих ли случајно нашао нешто више о том Зопиру јер га сматрам способним за много што шта. Али не успевам да сакупим више, већ само ово мало и оскудно. А ово последње је и најчудније. Јер, док се Антифил трудио да сакупи новац да пошаље децу у Тарс и другу бригу није имао сем ње, гле, једне вечери Зопир се појавио на његовом прагу. Једва су га препознали. Било је очигледно да је дуго пешачио и по свакаквом времену. Његова одећа је била отрцана, поцепана. Ноге су му биле измучене од грубог камена. Коса му је стизала до пола леђа. Брада му је била до стомака. Руке су му биле грубе попут свињске чекиње. Међутим, очи су му зрачиле светлошћу, светлошћу Христа. Сео је на праг, налик на путника-просјака. Хипоника је испустила крик. Случајно су се тамо нашли Антифил, Ламбокле и кћи Ламбета, и стали су сви да га гледају. Боже мој! Каква звер је био тај човек, тај покајани блудник!

– Дошао сам да умрем у свом крају, рекао је. И застао. Дошао сам да се спасем овде где сам се огрешио.

Ништа друго није рекао још извесно време. Сви око њега су ћутали. Подигли су га као болесно дете, дали су му да пије воде, парче хлеба да утоли глад. Његов глас је био чудан као да излази из дубоког бунара. Све је постало чудно на том човеку. Међутим, био је спокојан. Друго учење Антифил није желео да нађе. Био је спокојан. Иза Зопирових леђа, Антифил је осећао Христову сенку. Помоћник и покровитељ. То је сада био Христ. Колики путеви су блистали у Зопировим очима! Не они које је прешао. Они који су били суђени Божјом снагом да пређе, путеви анђеоског света. После тога није ни чудо што су сви у кући постали хришћани.

Много лица и збивања има ова прича. То је век пун стрепње и грознице. Пун страха и туге. Станимо на овом месту. Погледајмо уназад Јамблиха, сина јединца, Константина, Максимилијана, Мартинијана. Колико светова! Хронике нам говоре доста и о другим младићима. И како су се после сви срели у Ефесу, за време Декија, и како су заспали у пећини смрти, и све остало, све са значењем које није за потцењивање, што за сада не треба дотицати.

6.
КРАТКА ПРИЧА О АНТОНИНУ

Једном је један мали римски племић ратовао у Анадолији. Око сто осамдесете, сто осамдесет пете од спасења. Био је центурион, рођен у Апулији, код Барија, усред маслињака и винограда јадранске обале, у белој земљи, што залуди очи чим на њу падне летње сунце. За собом је оставио једну љубав, једну девојку црне косе као у гаврана и стаса витке срне; оставио је мајку, малу кућу, неколико ливада, њива, иметак домаћина, који једва успева да стане на ноге, и дошао је да живи у Анадолији.

У Барију се укрцао на брод, прешао је преко. Видео је Егнатију[1] како се пење и спушта низ планине, пада у поља, премошћује реке, губи у шумама, видео ју је као неку судбину. Ноге су му отекле од даноноћног хода, крста су га болела, око му се замутило – а он није желео да стане него само кад би пио воду, утолио глад и задремао као зец у грму или на камену. И уз њега безброј људи који корачају, стално корачају. Кратко су застајали у градовима и после су опет настављали путем судбине. И свануо је дан када су њихове очи угледале залив пун светлости, а то је био Термајски залив; потом један топао град, сав од мрамора, а то су били Филипи; а затим један нови на седам брежуљака, као Рим, Визант. И прешли су још једном на другу страну и нашли су се на тлу Азије. И прошетали су путевима и пољима Би-

---

[1] Via Egnatia је древни римски пут од Драча преко Солуна према истоку *(Прим. прев).*

тиније; и боравили су ноћима и ноћима под сјајним звездама Еолиде. Коначно су стигли у Јонију, у Ефес. Времена су била страшна, легије су ратовале свуда, мали римски племић, кога су, ако се не варам, називали Флавије, Квинт Флавије, тако мислим, доживео је лоше дане у Азији. Налазио се у пределима без дрвећа и воде, није имао када да спава и у сваком тренутку се суочавао са смрћу. Непрестано је молио богове свога рода да му помогну у немоћи, није био човек рата, само га је наредба власти довела као странца близу пропасти.

Кренули су из Ефеса, лутали су по разним местима, прешли су реку Сангар и њену пустињу, и приближили су се у Анкири[1], чувени град још у доба Августа. Квинт Флавије је погођен стрелом у ногу, остали су наставили. Остао је у пустињи потпуно сам, на пепељастом пољу, под немилосрдним небом. Била је зима и спуштао се бесан северац с висина. Квинт Флавије није могао да хода, толико га је нога болела и сада је био сигуран да ће умрети. Сетио се свог завичаја, Апулије, девојке црне косе као у гаврана, сетио се мајке, лета, Јадранског мора, и срце се напунило сузама, бунар суза постало је његово болно срце.

Остали су наставили даље. Размишљао је о томе и осећао је ужас у утроби. Имали су и они неку судбину. Док су корачали Егнатијом, њихова судбина се није разликовала. Ни у Битинији, ни на Еолским пољима, ни у Јонији се њихова судбина није одвајала од његове судбине. Међутим, ето, стигли су на ту раскрсницу, на ту рану на нози. Зар га нису опазили, нису видели да је пао, у грозници рата, да је рањен? Чуо је коње како рже, пешаке како ударају земљу; затим је нестао у паклу бола, нашао се у свету пуном сна. Када је поново отворио очи, само је ово видео:

---

[1] Данас Анкара. Ту је пронађен споменик о Августовој владавини Res gestae Divi Augusti назван Monumentum Ancyranum. *(Прим. йрев.)*

пустош и зиму. И помислио је: „Ништа ми друго не преостаје, умрећу".

Истина је да сви људи понекад мисле на смрт, али је гледају из далека, из невероватне даљине. Као да никада неће доћи. Други умиру, то је несумњиво, да, други умиру, данас један, сутра други. Међутим, наша смрт, ма колико мислили на њу, увек је веома далека. Квинт Флавије је рачунао, ако бог да и заврши се рат, вратиће се у Апулију да направи кућу са том девојком, не са другом, и изродиће децу, чопор деце, углавном мушке, па макар се и она борила, купиће земљу, постаће велики газда, оcompanion децу и видеће у ведрој старости унуке и праунуке. И сви ће признати с пуним гласом да је Квинт Флавије био угледни домаћин који је успео, иако сиромашан, да стекне такво богатство да га по томе цене чак и у Риму, и да поживи срећан са својом породицом. Тада би се решио да и он умре. И шта би му живот ако не види и не чује и ако не може да окуси хлеб и чашу вина? Тада нека дође смрт, као слатки сан, као бескрајни сан у плавом дану.

А ето, сада се Квинт Флавије – тако ми се чини да се зваше тај рањени војник – налази у овој пустињи потпуно сам. Није био човек масе. Један мали римски племић, са скромним иметком, за сада. Надао се да ће с ратом увећати свој иметак, да ће створити добру основу, а даље би знао како. Кад би у Апулију донео макар само једну врећу злата, с том врећом би могао да направи гомилу ствари. И најважније од свега, да злато увећа каматом. Камата је најзначајније човеково откриће. Нужда се венчава с новцем. А новац рађа. Узимаш зараду и дајеш је несрећнику; и ако несрећник не успе на крају да ти врати изнајмљено злато, принуђен си, шта ћеш, да му одузмеш маслињак, виноград, да присвојиш и њега самог и да га претвориш у жуљеве од рада и тако да увећаш свој иметак. Само кад постоји основа. Остало долази само. Тако су паметни и стрпљиви дошли до „латифундија", тих великих пространства, њива, људи и стоке, који су били њихова необорива снага. Латифундију је више пута и Квинт Флавије стекао у сну. Да се пењаш на брдо, да гледаш унаоколо, да мислиш како је све то твоје и да благосиљаш богове, што су ти били помоћници и заштитници.

А сада? Кад би могао бар мало да хода, да наиђе негде на неки зелени лист, кап воде! Али, око њега није било ничег другог сем равне пепељасте земље и жалосне зимске тишине. Кренуо је да устаје, покушавао је да стане на једну ногу, његово тело је било тешко, једно бедно, болно и заражено тело. Падао је поново, очајан. Дан је веома кратак. И без сунца. Вечерња сенка почиње да расте попут крила велике птице, која се стално примиче. И тада, док се његова душа хладила, док је осећао да се удаљава од граница овога света, једна тамна мрља у дубини, према југу, једна мрља која стално расте, испуњавала га је нестрпљивом надом. Ако су људи? И какви то људи могу да буду? Залутали легионари, ко зна због чега, наоружани непријатељи или дружина разбојника од оних који већ годинама харају и пустоше Азију? Било ко да је, ако их замоли, можда ће се спасти. Јер и најгрешнији, ако се нађе пред сиромашним и болесним, и потпуно самим човеком, има право да покаже милост и сажаљење. Своје наоружање је положио на земљу, безопасан је. И чека. Ту негде близу налази се неки пут. Вуче се у болу и напору, пада на ивицу пута. И чека. И крило ноћи се шири, покрива све. Пратња из даљине пута се приближава. Има их пет-шест. Упалили су малу светиљку и окачили је о велики штап да би видели куда газе и где се налазе. Носе дебелу одећу са капуљачама. Дахћући долазе и стају око њега. Искусан војник, чак и кроз свој бол, уочава да су без оружја. Добар знак. Сви су негде између двадесете и четрдесете.

Квинт Флавије је отворио уста да нешто каже:

— Рањен сам у ногу. Умирем. Ако имате милости за усамљеног и болесног, немојте ме оставити у оваквом болу.

— Човече Божји, одговорио је један из скупине, ма ко био, пријатељ си.

Примичу светиљку ближе, испитује његово лице. Затим његову ногу. Најежили су се.

— Војник си?

— Као што видите. Ја сам један напуштени војник. Напустили су ме моји, ко зна где се сада налазе.

Отворили су своје торбе, дали су му да пије из неке мале чутуре. Опрали су рану, замотали је чистом крпом. Немају ништа друго уз себе да му помогну да оздрави. Дали су му и парче хлеба да се окрепи.

— Јесте ли хришћани? упитао их је Квинт Флавије.

— Да! одговорили су му сви углас.

— И куда идете?

— У Цезареју! одговорили су му опет сви углас. Хоћеш ли да идеш с нама?

— За колико дана ћемо стићи?

— Само Бог то зна.

— Поћи ћу с вама само до првог села. Тамо ме оставите.

Подигли су га, придржали и кренули опет на пут. Он једном ногом између двојице стрпљивих помоћника. Око поноћи су стигли у неку крчму. То је била једна колиба близу брда. Хришћани су му прострли сламу да легне, дали су му парче сира и крчаг вина за вечеру. Цича зима. Квинт Флавије се сећао Апулије и девојке која га чека. Људи су увек жедни велике среће. Чуо је да су хришћани мишеви који глођу царство. Било је то први пут да се налазио међу тим мишевима. Његов утисак није био лош. Шћућурили су се у једном ћошку колибе, попут јата птица, и предали су се сну ослоњени један о другог. Од ране зоре су већ били поново на ногама. Свануо је радостан зимски дан са сунцем, јаким и топлим. Донели су му хлеба и воде. Помолили су се своме богу. Квинт Флавије је мислио на Рим. Осећао је да се бол у нози смањује. Неговали су му рану са великом пажњом.

— Ја сам вам непријатељ! рекао им је. Тако, да би се нашалио, сада када све иде набоље.

— Ти си човек, један од наше браће, један несрећник који на свом путу није нашао Бога.

— Ако нађем тог вашег, убићу га! Његово лице је постало озбиљније, као да се више није шалио.

— Наш Бог је вечан, бесмртан! Он је једини и свемоћан је!

Квинт Флавије се изненадио. Никад до сада није чуо сличан говор. Јесу ли то та сиромашна „браћа" која говоре, мишеви који глођу царство? Сунце се попело на далеку планину и почело је полако да се спушта низ пусту равницу. Поново крећу на пут. Квинт Флавије, који се толико уплашио смрти, почиње опет да мисли на Апулију и основу која ће му камату по камату донети неизмерно богатство. С времена на време својим говором задиркује своје сапутнике. Међутим, они припадају другом соју. Друкчије размишљају и имају храброст која изазива страх. Тако су сигурни. У Христа и у себе. Оставили су га пред првим селом. Ушао је у село, нашао је центуриона, испричао му своју патњу.

— И како си успео да стигнеш довде?

— Срео сам гомилу хришћана. Чудни људи.

— Људи су, ништа друго.

Разрогачио је своје очи, погледао је центуриона.

— Хоћеш ли ме питати да сазнаш? одговорио му је овај. Не чуди се, и ја верујем у Христа.

— А отаџбина, Рим?

— Рим припада овом свету, Христ припада другом.

— Ком другом? Хоћеш да кажеш Хаду? Је ли он краљ мртвих? Је ли то Христ?

— Христ је вечити брат. Попиј мало вина да дођеш к себи. А после ћеш поново наћи Рим.

Квинт Флавије није више знао шта да каже. Је ли то Анадолија? Та гомила браће, који иду с пута на пут, по пустињама, и центурион, који је послат да наметне закон Рима, а поред тога, и он сања вечити свет Христов?

— Хоћеш ли опет да се нађеш са нашима који су те оставили? Легије напредују према Анкири. Можда би било најбоље да кренеш према Цезареји. Тамо шаљемо оне који остану на пола пута.

— Не! желео бих да останем овде. Док ми не оздрави нога. После ћу видети шта ћу. Овде сам уз тебе. Осећам се безбедан и спокојан.

— Можеш да останеш.

Квинт Флавије је остао уз центуриона хришћанина. Нашао сам негде да му је име било Филипик. Међутим, уопште нисам сигуран. После је отишао у Цезареју. Одатле се спустио у Ефес. И тамо је остао. Таква је Анадолија. Као жена. Хоће да јој се предаш, како би се и она теби предала. Мали римски племић, рањен легионар, Квинт Флавије јој се предао.

Колико је далека постала Апулија! Раније је стално долазила у његове снове, у његове мисли. Сада је престала да долази. Једна друга снага, много снажнија од жудње за родним крајем, обузела је Квинта Флавија. Беше то тело, беше душа Анадолије, која га је опчинила. Отишао је из војске као инвалид. Рањена нога је оздравила на неко време, али се касније поново инфицирала. И поново је оздравила, али не потпуно. Остале су му неке тешкоће при ходу. Лако се умарао и осећао је бол при промени времена. Мајка му је из Апулије слала тужне поруке. Читава маса легионара се вратила на своју очевину; нашли су своје њиве, своје ливаде, увећали су свој иметак, оженили се, изродили децу. А она још увек чује да је он у туђини, слаб, и срце јој се цепа. И пријатељи су му слали поруке. Квинт Флавије није имао шта да им одговори. Како да изусти реч за коју они нису били створени да схвате? Како да им говори о Анадолији, о њеној страсти, о њеној чежњи, о ноћима, о опијености која те тера да све заборавиш? На крају крајева, није био сам! Мноштво војника је остало тамо. Римљани су освајали свет. Али и свет је освајао Римљане. Што се царство више ширило, више се умањивала моћ отаџбине. Налазили су свуда отаџбину. Свог човека, своју власт, своју сигурност. Налазили су и нова правила понашања. И то је оно што их је очаравало. Грчка их је очарала. Египат их је очарао, и Африка. Сада, све више и више, побеђивала их је Анадолија. Заратили су против њених краљева, против племена која су живела дубоко у њој, против непослушника које је отпор сејао на сваком њиховом кораку. Међутим, нису могли да ратују против њене лепоте и сладострашћа.

Квинт Флавије је био један побеђени центурион. Више пута је рачунао да покупи мали иметак, који му је Анадолија већ обезбедила, и да опет задобије апулијску земљу. Али вољену девојку је одавно заборавио. Неки земљак му је једном у ефеској луци донео поруку да је мајка преминула. Оплакао ју је али ни за трен није помислио да оде и да се помоли на њеном гробу, тражећи милост и опроштај. Поручио је да продају његову земљу у Апулији. И тако је Квинт Флавије, постао римски грађанин Ефеса. Трговао је са власницима камила, са власницима бродова. Пробудила су му се чула. Отворио је радњу на тргу где би доносио зачине, миришљаво дрво, атрактивне тканине истока, да би их продао великим госпођама. Волео је да лепотице снабдева новом лепотом. Научио је тај апулијски сељак, пустињски војник, ласкаве речи, понашање које осваја, као лепак муве. Имао је веома слатку и топлу крв, која се изненада пробудила у њему. Када би видео носиљку неке госпође пред његовим прагом како полако истоварује свој нежни товар, његово срце се испуњавало срећом. Из грубог легионара излазио је, као птичица из љуске јајета, Римљанин у опадању. Његово образовање није било велико; повећао га је. Дозволио је да у његову радњу долазе песници и философи. Били су то докони људи; њихове мисли су биле пуне жучи и отрова; исмејавали су све, нису ни у шта веровали, волели су задовољство; један леп стих, једна лепа фраза, често без садржаја, вредела је за њих више од свих истина света. Говорили су о женама, о тешкој вештини љубави. Прерађивали су говор на својим уснама тако да постаје сомотаст, да постаје опипљив и да осећаш потребу да га додирнеш, како би задовољио своје незасито чуло додира. Цео свет се претварао у груди лепе жене; усправне и чврсте, да их милујеш и да се топиш.

Од свих ствари на свету најчуднији је човек. Нико не зна колико снаге, колико светова, колико небеса и колико пакла крије у себи. Само кад дође прилика. И тада се поново од разбојника рађа светац и од бебе мудрац. Квинт Флавије је почео као земљорадник у Апулији. Постао је војник. Једна стрела га је погодила у ногу у Анадолији. Променио се. Његов ум се проширио, душа му се продубила, чула су се извежбала. И коначно, једног дана дошла му је Ноеми.

Ноеми је била из Палестине. Имала је боју уља, очи срне и врат дивљег голуба. Њене руке су биле створене само да милују. Њено тело је било створено само за миловање. Била је једна од оних жена о којима сањаш како леже. Њен латински је имао један диван страни изговор. Ноеми није била непознато биће, била је непозната земља. Помишљао си да је пољубиш па макар умро! Волела је раскошне тканине, драго камење на прстењу, лепо урађене наруквице, краљевске дијадеме на коси која је падала као водопад, када би је развезао. Кад би је угледао, било је немогуће не помислити:

– Највеће проклетство на овој земљи су лепе жене!

И то је била истина. Колико би спокојнији био свет да бог није с прекомерном пакости створио лепе жене. Пред Ноеми си се осећао безнадежно. Ништа друго ниси хтео него само да је гледаш. Да седиш хиљаду година и да је гледаш. Да седиш хиљаду година и да је додирујеш. Само да је додирујеш, да се сав претвориш у додир, како би могао да је додирујеш. Да додирујеш њене ватрене усне, ватрено тело.

Да је Квинт Флавије био још онај стари римски племић, могао би да прође поред ње с једним уздахом дивљења, и то би било све. Међутим, поезија га је покварила, покварила га је философија. Научио је да размишља о лепоти. И то је најопасније. Лепота је повод. Преостала одговорност припада машти, снази ума. То је отровна чар. И тешко ономе који јој се преда незаштићен. Поезија разоружава човека, оставља га незаштићеног. Отвара врата душе, шири и продубљује машту. Ноеми је постала будна брига Квинта Флавија. Била је из скромне куће, скромног положаја. Имала је два брата. Један се звао Јуда, а други Исус. Била је то чудна случајност, али таква су им била имена. Квинт Флавије је хтео да умре.

Јуда је припадао кругу пријатеља. Тај Јеврејин је написао неколико стихова, посвећених Артемиди! Покушавао је да преведе „Филеба"[1] на свој језик. Био је то веома тежак подухват. Други језик је други начин размишљања. Треба да постоји неко сродство, оно што би се звало паралелност. И паралелност између два језика Јуда није налазио. Међутим, „Филеб" је била тема о којој је дружина често расправљала. Квинт Флавије се у то није разумео. И поред тога, увек је успевао да не остане затворених ус-

---
[1] Платонов дијалог „Филеб", в. превод Ксенија Марицки Гађански и Иван Гађански, Рад, Београд, 2001.

та показујући добро схватање, до те мере, да је Јуда био тиме ганут; постао му је чест гост и тако је имао прилику да се, с времена на време, сусреће с Ноеми.

Због честих сусрета, Ноеми је запазила не само Квинта Флавија, већ и његову љубав. И почела је историја једне љубави, коју би свако назвао необичном. Али, изгледа да у овом свету не постоји ништа невероватно. Јуда се зачудио, кад је чуо да Ноеми изјављује како жели да јој муж буде Квинт Флавије рањене ноге, Римљанин – зар она која је тесно била везана за свој род и делила с њим неутешну, прастару тугу због свега оног што је Тит[1] учинио пресветом Сиону. Међутим, изјава је била тако изричита и тако одлучна да нико, чак ни Јуда ни Исус, ни било ко други у кући, није успео да се успротиви. Побунила се и синагога због тог нескладног брака и спречила га. У једном тренутку све је висило о концу; Квинт Флавије проклињао је своју судбину што је тако усмерила његово срце. И Ноеми је, са горким сузама, слушала рабина како проклиње њен незаконит избор. Међутим, ни грдње ни клетве нису могле да окончају случај. Нескладна љубав је постала тема за разговор дружине. Престали су да расправљају о "Филебу". Сви су тражили решење. Неутрални терен где би ускладили неусклађено. А тај терен је био нико други до сам Христ. Квинт Флавије се није противио да му приђе и да постане његов верник. Ноеми се противила и противила. Испунила је дане и ноћи сузама. На крају није више издржала. Двоје хришћана, мали римски племић и цвет Палестине, донели су на свет једно једино дете, Еугена.

Мислим да се тако некако десило. Сведочанства, којима располажем, свакако су оскудна. Пуна су празнина, не допуштају никакву сигурност. Али, да је и друкчије, тешко да би била разумљива. Квинт Флавије је у својој крви носио необичност. Његов

---

[1] Године 70. Тит је угушио Јудејски устанак и до темеља срушио Соломонов храм у Јерусалиму.

живот се, све више и више, плео као што се плете бајка, с невероватним и неочекиваним. На овом свету постоје људи који могу да створе сличне дане. Животна прича Квинта Флавија је низ различитих дана. У њој увек постоји неки елемент непроцењив и непредвидљив. Тиме што је задобио Ноеми, стекао је свест да је задобио Анадолију. Нагињући се над њеним загонетним очима, топлим и далеким, осећао је да се сједињује са свим оним алегоријама, са страшћу и хегемонском снагом, која се нализила у тајном гласу пророка. Њено тело је одисало нардом и балзамом. Било је створено од песме над песмама, од кринова Галилеје и Самарије. Седео је сатима гледајући је; било му је тешко да поверује у толику срећу. Био је захвалан Христу Спаситељу, тој моћи, која је могла да учини то добро. За Квинта Флавија Христ је био велики Јеврејин, а Ноеми један Христ женског рода. За Ноеми Христ је био Римљанин из Апулије, залутао у Анадолију, тај Квинт Флавије. Еуген је био Христ један једини, мали Исус. Имао је арханђелску лепоту, нежност и спокој створења која припадају неком другом свету. Ноеми се плашила тог детета, није веровала да је њено. Очи су му биле отворене ка светлости, лице му је било обасјано осмехом, глас створен од најлепших земаљских песама. Помислио би да је то дете рођено за нешто велико. Међутим, ниси могао да кажеш шта је то велико што му пристаје. Можда једна лепа смрт. Квинт Флавије је желео да од њега направи војника, да поново оживи кроз потомка ратничка врлина која је обезбедила моћ Рима. Међутим, Еуген није био човек оружја. Волео је да размишља, да чита и да гледа свет својим очима пуним светлости. Само што је понекад, дубоко у њему, махало мрачно крило јеврејске душе, та страст.

Еуген је порастао и сазнао животну причу својих родитеља. Сазнао је како је његов отац постао хришћанин, погазивши вољу римског царства. Сазнао је како је његова мајка постала хришћанка, теглећи за собом клетве синагоге, сличне мноштву одвратних гмизаваца. Двоструки грех је починило ово двоје. Покоравајући се закону тела, ни на шта друго нису мислили нити су постигли. Само су показали вољу да продају душу једној вери, која им није проговорила.

Како је Еуген растао, схватио је да се временом телесна привлачност између два отпадника претворила у равнодушност и одвратност; осетио је колико је пролазна телесна веза ако је не подржава снага изнутра, из човекове дубине. И осетио је, на крају, да су то двоје били осуђеници, који су носили исти крст, а то није био крст Христов. Он је, међутим, благосиљао своју судбину што се родио као хришћанин.

И једног дана се случајно нашао у друштву с Инокентијем. Био је то слатки час, у радионици, где је, уз очеву сагласност, наручио Посланицу апостола Павла Јеврејима. Погледали су се, попричали су, осетили су да су душе близнакиње. Почели су да се често виђају. У радионици, у шетњи на тргу, на синаксу браће, у библиотекама, у луци, где су се њихове очи испуњавале морем. Имали су у себи снагу љубави која је све више и више управљала њиховим животима. Причали су о оном што су прочитали, о оном што су планирали, о свему ономе чему су се надали. Да ли би могли да оду у непознате крајеве, да оду људима који су још живели у сенци смрти и да им донесу велику поруку? Њихове ноге су биле жељне пута, попут Павлових, попут Петрових. И то не овим блиским народима, него другим, далеким и неприступачним. Њихова велика жеља била је да преобразе свој живот у мучеништво и бајку. Да доживе Христа као највиши пример.

Тако су се повезали и никад се више ова два човека нису раздвајала.

Инокентије, као што је речено, био је успешан међу калиграфима и познаваоцима књига у Ефесу. Наследио је занат свог оца и чувао је љубав према њему, као драгоцени завет у срцу. Био је човек једноставан и тих. Личио је на воду из потока која тече кроз зелену папрат. Како се чини, било је могуће да постоје такви људи, у тим тешким временима. Не због телесне или духовне учмалости, већ због непоколебљиве вере. Од какве је користи ако човек стекне све богатство, сву славу и поштовање других кад изгуби своју душу? Ето те снаге која може непомично да стоји између опречних таласа, те свести лепоте која се налази иза граница пролазног света. Инокентије је проводио своје дане усред тог града препуног идола и буке, предатог сотони пролазног задовољства, ослобођен мамуза похлепе, славољубља и гордости. Имао је сигурност и заштиту Христову.

Еуген је долазио ту да црпи снагу из његове снаге, да се боље осети у том светом месту, где су тихе и заокупљене занатлије калиграфски писале реч, највећу, што су људи успели икада да изусте. Помагао је и оцу Квинту Флавију у пословима са госпођама, из дужности. Тако је имао и прилику да прати судбине таштине на тим лицима која се чак ни греха нису бојала и прелазила су лаганим кораком праг радње са уснама горућим од грешног пољупца ради једне драгоцене бочице арабљанског мириса или низа бисера персијског залива. Доспео је до сјајног младићког доба, до тог опијајућег цвета који расте у рају ове земље, а не у другом; доспео је у постојање сигурно и пуно радости, али је успео да сачува чисто срце и непоколебљиву душу. Био је право чудо тај Еуген, да га гледаш и да не верујеш. Зар је згодно дакле да постоје такви људи? И, ако није, верујем, да их сања неки песник, само да би поново нашао своју храброст, да не би потпуно изгубио наду у друге људе.

И дошло је време када је Квинт Флавије поново постао чудан. Будио се ноћу, излазио на врата, дизао је очи ка небесима: тихо и тужно су сијале вечите звезде када је било потпуно ведро. Ноеми се није бринула. Ноеми је постала једна млитава и масна креатура, као све жене које се опуштају у једном удобном браку. У њеним очима су се угасиле све загонетке, сва питања. Још мало па би постала во за орање или, боље речено, крава за орање. Прошла је лепота прве младости, прва жеђ за мушкарцем, која није бестидни зов, која има и љупкости и лепоте; родила је само Еугена, жалила је што није могла да роди још деце. Квинт Флавије је могао да оплоди читаву кохорту; јео је и пио и заборавио је на расправе о „Филебу" и осталим Платоновим дијалозима које су некад распламсавале малу дружину. И Квинт Флавије се будио ноћу, излазио је на праг и гледао небо Анадолије, Хекату како весла на својој сребрној лађи по неповољном мору. Какве намере је гајио у глави, какве неизречене жеље су обузимале његово срце? Понекад је уздисао веома тужно, потпуно сам, а понекад је тихо говорио сам са собом. Чак је и Еуген уочио његову велику промену. Једног дана га је упитао.

– Срце ти је постало суморно, оче, ракао му је. Много ти је постало суморно!

Изненадио се Квинт Флавије чувши речи свога сина, који је био послушан, онако како и доликује да деца буду према родитељима.

– Размишљаш о многим чудним стварима у последње време, ракао му је опет. Пустио си душу да се испразни. И сада шибају ветрови кроз њу као кроз пусту равницу. Кажи ми шта смераш; можда уз Христову помоћ да ти се одужим речју или делом за љубав коју ти дугујем.

– Ни реч ни дело човека, ни моћ твог Христа не може да ме ослободи демона, који је заробио моје дане. Наопак је био, Еугене, мој живот. Једно непрестано тражење. Једна пустоловина по тренутној вољи. Нисам се усудио до сада и мислим да никад нећу моћи да изустим све што сам помислио и учинио. Чак и ако неко, једног дана, покуша да ме забележи на папиру и покаже ко сам био и шта је требало да постигнем, а шта нисам постигао, груб и невешт писар од мене неће сазнати ни најмању ствар. Једно ти могу рећи: читав мој живот је био чудан, вечита жеђ.

– Попио си воду Христову, воду живота. Жеђ твоја морала је бити утољена.

– Друга је то жеђ што ме обузима, Еугене, одговори му је Квинт Флавије.

Нису више ништа рекли тог дана. И Квинт Флавије није престао да бди, да стоји на прагу и да посматра небо. Повремено га је додиривала, попут ужареног ножа, носталгија за завичајем. Та визија Апулије, која је била толико избледела у његовом сећању, оденула се у празничне боје и појављивала се као рај пред његовим гладним очима. Та блистава обала, бео песак, стене које су шибали ветрови Јадранског мора, градови и маслињаци и велики виногради. Лепа, прелепа је била и јонска земља. Међутим, долази час у срцу човека када ништа друго не жели него да легне на своју земљу, да осети мирис древног цвета, који је намирисао некада у некој обрнутој вечности. Затим, поново један чудан свет, први пут виђен, појављивао се у његовим сновима. Била је то далека визија коју није могао да разабере. Тако је једног јутра позвао к себи жену и сина:

– Отићи ћу сам по робу, рекао им је. Досадило ми је да двоструко и троструко плаћам трговцима. Изнајмићу људе да ми раде, да постанем газда.

Слушали су га равнодушно. Његова одлука је временом сазрела, било је очигледно. И у њих се усадио страх да се нешто лоше спрема. До те мере да су осетили олакшање што Квинт Флавије није предузео неки смелији подухват. Оставио је радњу Еугену, који је био већ вешт трговац, а није био размажен и сладокусац као његов отац. И тако се једне летње вечери, чим је освежило, попео на камилу и пошао. Водио је са собом још камила и људи ради помоћи и заштите. И није водио рачуна ни о осакаћеној нози ни о било чему другом. Пољубио је своју жену Ноеми, пољубио је своје дете, срце му се за тренутак растужило, очи су се напуниле сузама и пошао је. Са таквим људима и твоје би се срце растужило што другу срећу немају до да се потуцају по свету у потрази за срећом. Прошао је Јонију и стигао је у Халикарнас, видео је друге крајеве, друге народе. Видео је и друге жене. Како је Квинт Флавије напредовао, тако је свет Божји постајао све тамнији и тамнији. Срео је на путу чудне људе, астрологе, пророке, магове и гатаре; коначио је у прљавим крчмама, у усамљеним конацима; прошао је пустиње и планине насељене дивљим зверима, час је стизао до мора, и био је то велик одмор, тај сусрет с морем, час га је напуштао. Нашао се у невероватно суровим крајевима и градовима који су могли да га излуде да није сам чврсто држао камилине узде. И свуда је сретао моћ Рима, легионаре, окрутне ратнике, похлепне скупљаче блага. Понекад је осећао да та моћ није више сигурна. Међутим, поново му је падао камен са срца при помисли да друга власт, сем оне тајне Христове, није била способна да убије васељенско царство. А Христ за сада није убијао, него су га убијали. Такав чудан хришћанин је био Квинт Флавије. Или боље речено, такав је остао.

Стигли су у Дамаск. Затим су кренули пут Палестине. Између река, цветних ливада, шумовитих планина, мирних језерских обала. Тамо је имао своје гнездо љути јеврејски род. Стигли су до персијских висоравни, до градова у којим је бисер као и хлеб. Људи неодлучних лица отворили су му тајна скровишта, у којима су спавали очекујући купца, драго камење, мирисе, тканине, лепо израђене мачеве. Очи су му се испуниле богатством. Заблистала су у његовом срцу неисцрпна блага земље. Одлучио је да напише писмо жени и сину молећи их да се стрпе и говорећи да је очаран тим земљама. „Ако кренеш", писао им је, „не можеш да станеш. Исток, Азија је пуна напитака, који ти опијају ум. Јак и сладак је њихов отров". После дугог времена послао је натраг караван, а он је остао да се, како је рекао, побрине за нову робу. И дошао је караван, истоварио је његово богатство на ефешком тргу да залуђује велике госпође. Криво је постало тада то богатство за многе грехе. Караван је опет отишао празан. Поверљиво лице је узело са собом зарађени новац и кренуло је да нађе господара. Морало је да га тражи од града до града. И поново се десило исто. И то трипут. После тога, ни о каравану, ни о Квинту Флавију се ништа није чуло. Тада је Ноеми схватила да је тог чудног човека друга заволела. И даноноћно га је оплакивала као вољеног покојника. И чекала га је као неверну животињу, да му опрости, да га замоли да му постане робиња. Прошло је дуго време, а Квинт Флавије се није појављивао. Тада је његов син Еуген, који није више био у првој младости, у своје руке преузео кућу и трговину. Узео је жену Еуридику, хришћанку од родитеља пагана, и добио је сина коме је, у част свог изгубљеног оца, дао име уобичајено код старих Латина, назвавши га Антонин. Наиме, и син Еуген и мајка Ноеми, како је време промицало, будући да није долазила никаква вест ни од каравана, нити иједна његова порука у Ефес, помислили су да су га у опасним азијским пределима срели разбојници, узели робу, а људе побили. И тако је, мало-помало, Квинт Флавије постао митска личност, симбол, како би сви сазнали шта све може да се деси Латину ако се незаштићен препусти отровном пијанству што се зове Исток.

7.
ДИОНИСИЈЕ И ЕКСАКУСТОДИЈАН, ПОСЛЕДЊИ

Беше у Ефесу једна стара кућа са великим двориштем у средини и собицама около, где је било скупљено мноштво сиромаха. Људи без среће под сунцем, ставили су своје јадне простирке у те собице, своје поломљене столове, поцепана седишта, безвредан иметак, празну торбу, полуразбијен крчаг, гомилу дрва за зиму. Свако јутро, често пре изласка сунца, излазили су они, као изгладнели пси, људи, жене, деца – само су мала деца и старци остајали у кући – спремни да просе или раде, да отму, да ураде све како би могли да се прехране. Беше то паразитски народ, крдо празних стомака, осушених утроба, који је сматрао за дику и подвиг да превари суседа како би дошао до свог парчета хлеба.

Цела кућа је смрдела на буђ и трулеж. Насред дворишта налазио се бунар чији отвор био оштећен од конопца кòфа. И крај бунара неродно дрво, једна стара смоква. Стари су говорили да је ту смокву засадио неки разбојник, у доба Нерона, који је коначио у том крају. Кућа тада још није била сграђена. Крај је био пуст, једино се бунар тамо налазио, да би уморни пролазници гасили жеђ. Разбојник је био човек који је волео дрвеће и псе. Таквих људи има и данас. Само није волео људски род и где год би га срео уништавао га је. Непознат, прогнан од непријатеља и пријатеља, доспео је једном у ту пустињу. Сакупио је камен и саградио је прву собицу, без светла и пуну паучине, да има где да легне ноћу, да успава своје бриге. Касније је поправио собичак и прогнани разбојник је, туђим иметком, постао газда. Да поновимо: таквих људи има и данас. Временом су и други прогнани дошли ту да коначе. Пустиња је била пуна камења. Узели су камен и почели су око бунара и смокве да зидају собице. И место је постало насеље, настањено веома важним личностима. Међутим, једног дана су власти откриле разбојника. Причало се да га је један од нових суседа издао. У праву је дакле био разбојник, који је волео само псе и дрвеће. Ухватили су га и везаног ланцима одвели у Ефес. Подвргли су га страшном мучењу да би признао своје грехе. Није издржао и признао је све. Није издржао и признао је и оно што није починио. И једног јутра, рано у зору, вратили су га у пустињу, у собицу. Нису ништа нашли од огромног богатства, које је ту држао под кључем, по општем уверењу. Бацили су поглед около, видели су смокву, попели су се на њене гране, изгледале су им јаке да издрже разбојниково тело, направили су омчу и обесили га. Разбојник ни гласа није пустио. Као да је био сигуран да ће таквом смрћу умрети. Само их је у судњем часу, нешто пре него што су му ставили омчу око врата, подругљиво погледао и рекао:

– Не мари. Такав је овај свет! Ко стигне – обеси другог!

Филозоф, изгледа, беше разбојник. Па, ко зна, можда је открио истину! Кад је предао грешну душу Хаду, власт се није побринула ни да га скине са вешала. Само је спустила кофу у бунар, узела воде и освежила се. Целих седам дана и ноћи разбојник је остао да виси. Вране су почеле да га кљуцају. Нањушили су га шакали и спуштали су се ноћу са околних планина гладни, уз урлик. Напокон су суседи решили да сахране разбојника пошто је почео да заудара и нису могли да дишу. Отворили су раку, тамо близу, покопали су га. До дана благословеног цара Декија, коме се благослов није испунио, показивали су његов гроб и приповедали су његову животну причу. Касније се град проширио. Попео се и до тих брда. Присвојио је собице пустиње, са бунаром и смоквом, и сместио их у своје оквире.

Могло би се штошта рећи и о људима који су тамо живели. О тој јадној гомили која је полазила сваке зоре да нађе парче хлеба. Био је то најчуднији скуп који би ти пао на памет. Девојке, које нису осећале нити су мариле за своју увенулу лепоту и продавале је пролазницима, војницима и путницима, као туђе парче меса, које су наменили за продају. Жене, које нису знале за мужевљеву част, остављале су кућу и децу, и лутале по крајевима весељака, спремне на све. Мужеви који су чекали женину зараду. Дечурлија, која се спуштала до луке да помогне носачима, да проси остатке хране по крчмама, да кличе цару јер је и то доносило неку зараду; такав је био свет који је тамо живео. Један по један, као птице грабљивице, враћали су се у своју јазбину да одморе измучена тела. Отварали су своје торбе и делили са онима који су остали без помоћи оно што су добили, било да је то мало или много. Говорили су:

– Једите и ви. Вечерас има хране! Сутра је можда неће бити!

Жене су откривале недра, која су оскрнавили војници и путници, и давале су својим бебама да сисају. Њихово тело је носило смрад измученог човека. Говориле су:

– Зар неће сванути дан, изаћи сунце и за нас?

Неки су одговарали:

– Не, неће сванути. Ми смо земаљски проклетници. И сви би се уздишући сложили:

– Ми смо земаљски проклетници.

Жене су падале на леђа, са телима пуним црних модрица од окрутних руку. Њихов сан је био страшна мора. Трудиле су се да сањају неку малу срећу. Али где да се нађе срећа? На крају су заборављале све. Мукале су као краве, вукле су се као црви после кише; нису више ништа схватале, ништа осећале. Њихова судбина била је најстрашнија од свих. Судбина створена од блата и зноја. И ништа друго ниси могао чути од оних који су још могли да мрдају уснама усред ноћи него само:

— Ми смо земаљски проклетници!

Неук и заостао народ који није ни схватао како је дошао на овај свет. Ето, дошао је да се мучи. Да предаје своје тело пропасти, да жуди за хлебом, да гледа друге како уживају у добрима и да у њему расте горчина.

И дошао је час кад је судбина променила путању. Упао је у ту тужну и бесцветну средину Христ. Ко је био Христ? Човек тих и упоран, са очима које су блистале као звездана ноћ. Долазио је из Ликије. Прешао је планине и долине и био је познат као Елеазар. То је био Христ. О рамену је држао торбу сиромаха, у руци штап путника намерника. Стао је насред дворишта, испод стабла обешеног, и отворивши уста рекао је:

— Покајте се! Дошао је час спасења!

Они који су се већ вратили у своје собице, било је то пред вече, изашли су на праг да чују тај чудни глас. Један међу њима рекао је:

— Неверник је! Ако га предамо властима, добићемо вредну напојницу.

Елеазар га је чуо и одговорио му:

— Још није дошао час да умрем. Не бојим се смрти. Не бојим се власти. Покајте се!

— И о шта смо се огрешили? упитао је неко.

— Шаљете своје жене, своје кћери у пропаст. Вучете се по улици као гладни пси, змије отровнице су вас посејале и родиле.

— Доносиш нам хлеба? упитали су други. Доносиш нам хлеба?

— Зар ниси и ти гладан? упитао је трећи.

— Дошао сам да спасем вашу душу, а не да вам донесем хлеба. Окупили су се и други. Већ је пао мрак. Елеазар је стајао насред дворишта. Нису га више видели. Само су га чули. Као да је био глас без тела. Један глас који је допирао из невидљивих светова.

— Дошао сам да спасем вашу душу, рекао је опет Елеазар.

— И како ће се спасти без хлеба? Душа је за нас луксуз, узвикнуо је један младић који је изгледа био бистар. И сви су се насмејали. Тада се младић охрабрио рекавши и ово:

— Човече, зар не знаш да је душа као цвет који цвета на зеленој грани? Грана је тело. Ако не постоји тело, како ће моћи да процвета цвет? Да ли си видео цвеће да цвета у ваздуху? За твоје добро, остави нас у нашој невољи.

И пришао је гласу.

— Човече, зар ниси чуо да смо ми земаљски проклетници?

— Христ је дошао да спасе проклете, све оне који бораве у сенци смрти. Христ је дошао да спасе грешне.

— Нисмо грешни, одговорили су неки.

— Зашто стењу ваше жене које леже на леђима? узвикнуо је Елеазар. И у том часу, његов глас је био страшан.

— Тешко се зарађује надница, одговорио је један мушкарац око четрдесете. Тешко нама кад дође време да их војници више не желе. Тада тешко нама.

— Зашто ти не радиш? упитао га је Елеазар истим гласом.

— Нађи ми посао па ћу радити! И која ће бити зарада? Изгледа да никада ниси радио. Ти си од оних мајстора просјачења што могу да ти одузму зеницу ока, а да то не осетиш.

И узевши камен са земље, бацио га је према оној страни одакле је долазио глас.

— Отерајте га! Отерајте га! узвикнула је тада већина.

Подигли су камење и бацили га наслепо на њега. Настала је велика бука. Подигле су се жене, пробудиле су се бебе и вриштале су.

— Покајте се! Дошао је час! рекао је тихо Елеазар.

Глас се чуо пригушено. Тада је један, с најјачим рукама, кренуо у мраку, подигао је руку и ударио Елеазара по лицу. Кренула му је крв из носа и Христова крв је попрскала човека. Јаукнуо је страшно и пао је на земљу. Тада су сви заћутали. Једна жена је донела упаљену бакљу, сагла се и видела његово лице.

— Немојте се тако понашати, рекла је осталима! Не изгледа да је лош човек! Смилујте му се!

Била је то жена која је задржала још много од своје лепоте. Како се нагнула, откопчала су се њена недра и искочиле су груди; покупила их је без стида. Елеазар се трудио да устане.

— Покајте се! рекао им је опет.

— Јадник је луд! викнуо је тада онај који га је ударио. Тако ми Херакла, не вреди труда да му говоримо. Да га одведемо ноћној стражи и да га тамо оставимо.

— Да не кажемо да је хришћанин, одговорио је други.

— Нећемо! рекли су и остали.

Међутим, Елеазар је сада стајао на својим ногама, непомичан. Његово лице, његова брада, били су крвави. Једна жена, не она лепа, једна друга жена, већ у годинама, донела је воду, дала му је да се умије.

— Одакле долазиш, странче? упитала га је.

— Из Назарета сам, као и Христ; јесте ли чули за Палестину, за Назарет? Проповедао сам Божју реч у Ликији. Сада сам дошао у Јонију, код вас. Дошао сам ради вас. Ако ме предате властима, ако ме убијете, штета ће бити велика. Не, није ми још време да умрем. То знам. Као што знам да ћете и ви бити спасени. Христ вас је позвао. Зар га нисте чули? Не дозволите да бука овога света загади ваше уши. Слушајте музику анђела. Спушта се у ноћи са звезданих светова. То је дубока, слатка музика. Приђите да ћутимо сви заједно. Да је слушамо сви заједно.

Заћутали су сви. Трудили су се да слушају. Једна девајка је викнула:

– Чујем је! Чујем! То је нека чудна музика! Чујем је!

Остали су ћутали. Трудили су се да слушају. Један је шапнуо:

– Мора да је маг! Долазе нам многи из тих крајева. Мора да је маг!

Једна старица, која је седела на свом прагу без даха, промрљала је:

– Чујем је. Долази из далека, из далека, долази са висина, чујем је!

Тада ју је чуло и једно дете. Чули су је и други. Елеазар је ћутећи кренуо према излазу. Нико није осетио да је пошао. Нису осетили како је нестао испред њих. И ноћ је бивала све дубља и дубља, и певала је ноћ божанску мелодију, која је долазила из звезданих светова.

– Хад га је испљувао! Рекао је следећег јутра човек снажних руку.

Пре него што су се разишли, сви су се окупили око бунара и разговарали о случају.

– Магови, помоћници сотоне, рекла је једна жена, сеју по свету пропаст. Таквим, синко, треба забити нож и ставити соли.

– Мој деда, рекла је једна друга, човек мудар и веран боговима, имао је брата који је приносио жртве идолима у Пергаму на великом Жртвенику, често ме је саветовао, крхким гласом, јер је несрећник био при крају живота, да не слушам такве битанге.

— Свакако да их не треба слушати, рекао је тада човек снажних руку. Друго не знају до да наговарају да промениш веру. И зашто? Јер су им тако у празној глави шапнули демони. Не доносе нам ни хлеба ни вина. Само речи. Открили су, видиш, душу човека и хоће, по сваку цену, да је спасу.

— Знаш шта је то, викнуо је неко из свог угла, да немаш корицу хлеба да ставиш у уста, а они да ти причају о души и неком другом животу? Доста нам је један живот, други нећемо. Нек проведемо овај један како треба, па нам други животи не требају.

Почели су један по један да се разилазе. Тада је управо дошао један младић, један забринути младић, и поставио им питање, питање о којем су, можда, и други размишљали.

— А ако је тај човек у праву? И ако говори истину?

— Коју истину? Рекао је опет човек снажних руку. Не постоји истина. И ако постоји, наћи ћете је овде! И показао је своје јаке мишице. Ко има снагу, поседује и истину!

— А ако је у праву тај човек? упитао је поново забринути младић.

— Нека је у праву! рекли су сви углас. Ми не желимо да се спасемо, хоћемо да се најемо хлеба.

— Мени се гаде спаситељи! промрљао је један слабашан старац, од оних који цео дан чекају да се остали врате. Сваки час у овај свет долази по неки спаситељ. Сеје мржњу, пропаст. Хоћу да те спасем, говори ти. И ко ти је дао право да ме спасеш? питаш. Дао ми га је Бог, одговара. И откуд ја познајем Бога, и откуд знам да ти је наредио, да ме по сваку цену спасеш? Кад није у стању да ми пружи залогај хлеба, скуте да покријем своју голотињу, хоклицу једну да се одморим, како ће моћи да ме спасе? И шта то значи да ме спасе? На крају крајева, немам никакву жељу да се спасем.

— Да ти ја кажем, шта то значи да те спасе, узвикнуо је један други старац, који је седео поред њега.

Да те спасе, то значи да те преда џелату. Сутра, прекосутра, што се каже, долази нови прогон. Хватају те војници и воде те пред власти, пред претора. И претор те пита: одричеш ли се Христа? А ти одговараш: не одричем се. Тада претор наређује да те обесе наопачке, да те одеру живог или да те скувају у казану са катраном, или да те премажу смолом и да те запале. И чим будеш предао дух тада си спасен. То је све! И покушао је да се насмеши старац. Ништа друго није спасење. Једно мучење и једна смрт. После ти кажу, спасен си. Задобио си онај други живот. Дакле, ја нећу да задобијем онај други живот. И какав ти је то живот, кад, како тврде ти проклети хришћани, не постоји тело него само ваздух? Кад не осећаш жељу за јелом и пићем ни жељу за женом? Само летиш певајући као кос међу звездама. Ако поново дође тај човек, да га отерамо. И ако неће милом, насрнућемо сви на њега па нека буде како буде. Јер предосећам велику опасност. Јеси ли чуо шта је рекао тај младић Димитрије? „А ако је у праву?" Тако они раде. Прво сеју сумњу па онда жању послушност. Добро је док не почнеш да се питаш.

– Тако је! рекао је први старац. Људи се муче сами са собом. Погледај шта се дешава у Риму: један хоће да поједе другог. Опијени су сви влашћу и моћи. Чуо сам за добре цареве, за Марка Аурелија, Хадријана, мудре људе. Чак и за оног Тита кога Јевреји проклињу. Међутим, данас је Рим постао предебео, надувао се превише и ускоро ће пући.

Почело је да се смркава. Дошао је опет Елеазар. Чуо се његов глас мек, али пун пркоса: Покајте се! Покајте се! Сео је поред бунара, на оштећени зидић. Затим је дуго ћутао. Отворио је своју торбу, глодао је, као миш, парче хлеба. Почеле су да долазе жене. Корачале су раширених ногу, крста су их болела, многе су биле болесне. Њихово тело је одисало страшним смрадом. Дошла је и она млађа, која није још потпуно изгубила лепоту. Пролазећи, стала је крај бунара, приметила је у мраку ноћи Елеазара.

– Човече, зар ти није доста оног јучерашњег? упитала га је. Шта тражиш овде? За твоје добро, покупи се и пођи, пре него што дођу остали.

– Жено, како се зовеш? питао је спокојно Елеазар.

– Зовем се Жена! Тако ме зову пролазници, који лежу са мном. Друго име немам. Ја сам Жена.

– И овде, међу својима, зову те Жена?

– Не, овде ме никако не зову.

– Па ипак, некад си имала име. Кад си била мала, кад си била слатка девојчица. Заиста, зар ниси некада била слатка девојчица?

– Не знам да ли сам била. Мислим да то никада нисам била. Човече, пусти ме у мојој невољи.

Узео ју је за руку нежно, поставио је да седи пред њега.

– Нањушио је људско месо огладнели просјак, рекао је неко. Зар нисмо рекли да га отерамо? Дакле, шта чекамо?

– Саслушајмо га још једном, рекао је младић Дионисије. Можда је у праву. Саслушајмо га.

Човек снажних руку био је у луци. Послао је поруку да се негде запослио, код богатог господара, и да га не чекају.

– Реци ми дакле своје име! Рекао је опет Елеазар жени.

Она није одговорила. Спустила је само лице у хладне дланове. Елеазар ју је дотакнуо по леђима, показујући да је имао власт над њоме, и поново ју је питао наређујући:

– Жено, које ти је име?

– Некад ми је име било Аријадна, одговорила је она. Касније су ме звали Еротион[1]. На крају сам изгубила своје име. Човече, не мучи ме!

---

[1] Деминутив од ерос, љубав, пожуда.

— Аријадна! Од данас ћеш имати ново име. Даћу ти једно име свога рода, најслађе од свих. Од данас ћеш се звати Марија.

— Нисам Јеврејка! Ја сам паганка, са острва које се купа у сунцу, пуно маслина, у Белом мору. Јеси ли чуо за Бело море? Јеси ли чуо за Лезб? У дванаестој години су ме узели гусари. Седела сам на обали спрам таласа и размишљала сам. Размишљала сам о сунцу које је залазило иза далеких планина. Узели су ме гусари, али се не сећам много тога, била сам дете од дванаестак година, укрцали су ме на брод, искрцали су ме у неки велики град, у Александрију, у Африци. Јеси ли чуо за Александрију? Од тада се мој живот није променио: свака ноћ и мушкарац, сваки сат и мушкарац.

Спустила је главу док није додирнула колена, почела је да јеца.

— Човече, пусти ме у мојој несрећи!

— Марија, одговорио јој је Елеазар, страшно си згрешила.

— Да ме ниси више називао Маријом, одговорила му је она бесно. И нисам страшно згрешила. Била сам само зле среће. Мушкарац је добар, ако се с њим лепо проводиш. Међутим, ова моја несрећа је нешто друго.

Кренула је да пође.

— Не жури! рекао јој је Елеазар.

Остали су се окупили око њих, спремни да га поново пребију. Само је младић Дионисије слушао, у чудноватом спокоју, речи које су излазиле из његових уста.

— Марија! узвикнуо је опет Елеазар. Од овог часа си спасена.

Његов глас је чудно звучао у ноћи. Жена је кукала. Ни сама није знала шта осећа. Пробудиле су се у њој прве године, крај родитеља, крај млађе браће, морска обала, тихи талас. Процветали су у њој први снови. Отворило се закључано срце и бујица скривене радости је потекла кроз њу.

– Марија, ниси згрешила, рекао јој је Елеазар. Имаш само дванаест година, девојчица крај обале. Чиста си као јутарња ружа, као невин голуб. Већ годинама те Христ чека. Чуј га, ослушни његов позив.

– Зар је дошао час да умрем? упитала је жена застрашена.

– Не, није ти дошао час да умреш. Дошао је час твог спасења.

Остали су га слушали задивљени. Нико више није сновао Елеазару зло. Младић Дионисије је узвикнуо:

– Овај човек је у праву! Послали су га богови, а ми га умало нисмо убили.

– Не, Дионисије, рекао је Елеазар, нису ме богови послали. Не постоје богови. Постоји само један једини Бог и свемоћан. Бог пун мудрости и доброте. Бог који је створио небо и земљу, који је одвојио земљу од воде, који је наредио да буде светлост и одједном је свет обасут светлошћу; који је пун милосрђа према човеку; Бог понизан, сиромах.

– И шта може да нам понуди један сиромах? упитао је неко ко је чуо последњу Елеазарову реч.

– Спокој! одговорио је Елеазар. Спокојан човек је најсрећнији на овоме свету. Покајте се!

Жена се нагнула да му пољуби руку. Затим је устала и хитро, као кошута, ушла је у свој собичак и предала се дубоком размишљању. Остали су ћутали. И Елеазар је поново нестао у ноћи, тако да не можеш да потврдиш да ли је уопште био поред тебе.

То се десило више пута. Несрећници су се навикли на Елеазара. Долазио је свако вече, доносио је Марији све што се нашло у његовој торби, а она никад више није сишла у луку него је ћутала и размишљала о чудном сусрету који је неочекивано изменио њен живот. Остали су га чекали, исцрпљени, да га слушају како приповеда чуда Божја. И из дана у дан жене су остајале незапослене у својим собичцима не размишљајући више да предају своје тело пропасти. Чини се да су у тим временима и најгори људи, црви земаљски, у себи носили пламен божанске ватре. Нису још били наоружани великом мудрошћу и могли су и највећи варвари да саслушају понизну и тиху реч. Један други младић, Ексакустодијан – тако је ужасно било његово име – из Дионисијеве дружине, пришао је још ближе Елеазару и обећао му оданост. Дошао је и човек снажних руку и звецкао је кесом пуном сребрњака и није могао да верује својим очима.

– Само сам две недеље био одсутан и овај проклетник, овај сотона, ова змија отровница, која се појавила из Хада, ставила вас је под своју власт, рекао је. Тако ми Херакла, ово му је последња ноћ.

Легао је уморан, насред дворишта, чекајући га. Међутим, остали су били глуви на његове претње. Изгледали су као да га више не уважавају. И тај човек од снаге и памети, заиста веома ретке ствари на овоме свету, није више чекао, већ је покупио своје прње и нестао, и никад се о њему није нигде ништа чуло.

Елеазар је организовао нове хришћане у заједницу. Замолио је браћу, који су имали неки иметак, да га помогну у том тешком тренутку. Собичак човека снажних руку одредио је као место за молитву. Изменила су се лица, измениле су се душе. Пала је рајска светлост на смокву обешеног. Све се успокојило. Свуда се осећало Христово присуство. Као понизност и љубав.

8.
КАД ПОСТАЈЕ ЈАСНО ДА НЕ МОЖЕШ ДА БУДЕШ ВОЈНИК ХРИСТА И ВОЈНИК РИМА

Чим је Декије добио власт у своје руке, послао је поруку по градовима широм царства, заповедницима и преторима, да сакупе нове снаге. Времена су била гадна. Без спокоја, без сигурности. Војници из Рима, из Италије, нису били довољни. Водили су многе ратове, били су исцрпљени.

Тако је и у Ефес стигла царска наредба да млади напусте своје бриге, студије, своје куће и да се јаве на одређена места, да одену војничку опрему. Лелек и кукњава се ширила по целом граду. Кукале су мајке, сестре, јер су знале за сурову дисциплину Рима и његове још суровије ратове. Међутим, наредба је наредба и мало је било оних који су имали смелости да не послушају и крену пут планина, како их не би видело људско око. То је био и повод да се седморица младића сретну у логору, у неком ефеском крају. Константин је, на кратко, помислио да откаже послушност. Рекао је то и Антонину. Стално су планирали дуга путовања, неку лепу авантуру по бескрајном свету. Међутим, кад је требало да донесу одлуку, срце им је попустило.

– Можда је за кратко време, рекао је Антонин. Цареви, чим добију власт у руке, обично сакупљају чете, после, шта да раде с њима? Распуштају их.

– Шта да раде? одговорио му је Константин. Власт хоће рат да би опстала. И уопште није тешко да и Декије измисли неке ратове.

– Будимо на опрезу! рекао му је поново Антонин. Са овом разборитом мишљу напустили су своје куће, своју имовину, повели су са собом Христа, и пошли. Оденули су оклоп, војнички шлем. Свако је себе погледао у очима другог и осмехнуо се.

– И ово је лепа ствар!

Безбрижни сати, ефешке вечери, завршили су се. Предавали су своју вољу у туђе руке. Изгледало им је веома чудно што су се неки дичили тиме што су постали војници Рима. Била је то неколицина горштака, пуни ината и беса, који су волели цара, ма ко био, и ништа друго нису чекали до наредбе које би их послале да пале и убијају.

– Они су жедни људске крви, рекао је Константин. Они су као дивље звери.

– Можда они боље осећају сврху васељенског царства, одговорио је Антонин.

Говорили су грчки, најсветијим језиком. Међу јонским лиричарима и мудрацима научили су говор најбољег склопа, стекли су способност да уживају у речи са посебном слашћу.

– Толике године, рекао је опет Константин, трудимо се да у себи створимо човека. И сада треба да заборавимо тог човека и да оденемо неког другог, оног кога нам је Рим спремио.

Био је то неки миран час у ком су још имали право да разговарају.

– Дајмо реч, рекао је Антонин. Колико је у нашој моћи да будемо заједно, сједињени у опасности, сједињени у свему.

– Уз тебе сам, то знаш, одговорио му је Константин.

Дошли су и други у њихово друштво. Разноразни људи. Образовани и необразовани, из града и са села, добронамерни и злонамерни, весели и тужни. Било је као на паради, где би само посматрајући могао да просудиш, по очима, по лицу, по телу, човеково расположење. Напунио се логор људима, једном бучном гомилом младих момака и неколицином старијих. Још нису преболели растанак; изузев неких, који су изгледали потпуно безбрижно и који су се смејали без разлога.

Пролазили су дани, дан, два, недеља дана. Први утисак је прошао, живот је поново добијао свој ток, неки други ток. И у неком тренутку, на широком пољу, близу Ефеса, нашли су се легионари који се одмарају поред воде. Црвена и слатка је била земља, плодна јонска земља. Константин и Антонин су разговарали и неприметно су по земљи шарали разне облике. Константин је држао танку трску и уцртавао је крстиће. Антонин се престравио видевши га како чини то скрнавно дело.

– Бриши одмах то што црташ, рекао му је. Зар не видиш шта радиш? Може да нас види неко злурадо и злокобно око.

Константин је избрисао крстиће. У међувремену, један други младић, који је мирно седео ту близу, устао је и придружио им се:

– Христос с вама, рекао им је.

– Брате, јеси ли наш? узвикнули су обојица углас.

– Ваш сам, одговорио је. Зовем се Јамблих. Ставили су руке на груди. Тамо је куцало једно ново срце. Јамблих, блед и као стасит чемпрес висок, почео је да им прича своју животну причу. Оне године крај морске обале. Говорио им је о испоснику Агатију, о болу своје мајке Хермионе, о очају свога оца Марка. Лепи и племенити су били сва тројица, да их посматраш и да мислиш какве лепе људе рађа та земља. И ја, који бележим ове догађаје, присећам се јонске земље и сваки час ми се срце цепа. Одувек су такви били ти крајеви. И увек су такви. Само што су се затрли корени народа и променило се лице људи.

Кадгод су ова три пријатеља налазила слободан тренутак и могла да се окупе да попричају, разговарали су само о оним слатким годинама детињства, и о љубави и снази Христовој.

— Ти си хришћанин првог поколења, рекао је једном Константин Јамблиху. А ми другог и трећег. Ти си сам позвао Христа, ми смо га нашли већ позваног. Био је бог нашег дома, брат и заштитник сваког тренутка.

Јамблих им је тада испричао о путу у Сард. Испричао им је све о Агатију. Није више знао где се налази, да ли је жив или мртав, да ли је заспао вечитим сном.

— Док сам био уз њега, рекао је, мислио сам да је отелотворени бог. У његовим очима сам учио, као у чистој водици, целокупну јеванђељску историју. Имао је нечег тиберијадског[1], галилијеског тај човек. Говорио би: леп је овај свет — нагрђују га људи. Агатије га није нагрђивао. Чинио га је лепшим. Био је благ и понизан. Јео је парче хлеба, пио шаку воде и благосиљао Господа. Чудо је како је успео да постане тако савршен тај Агатије.

— Где се налазе твоји родитељи? питао га је једном Антонин.

— Мајка Хермиона је сада у Ефесу. Отац ми је умро, није успео да се спасе. Проклео је Христа и испустио је душу. Изгубио је свој иметак, част код људи свог еснафа, веру у живот и, на крају, у мене. Био је то човек који је дубоко утонуо у излизани калуп старога света. Ма колико се трудио, није успевао да схвати да је тај свет прошао. Тако је: светови су пролазни. Постоји само вечност Бога. Раздобља се мењају, тако је то. Отац Марко је остао као шкољка залепљена на својој стени. Остао је равнодушан на поруку времена. Пришао је Христу, само и једино, јер је желео да буде крај мене.

— То не можеш да не дотакнеш, одговорио је Антонин. И ја оплакујем једног изгубљеног претка, а не мртвог. Узео га је Исток, и оде бестрага. Био је Римљанин, Квинт Флавије.

---

[1] Тиберијада је град и језеро у Израелу. *(Прим. прев.)*

– Није мали број Римљана који су постали хришћани, рекао је Константин. Сви постају хришћани. Јевреји, Грци, далеки Азијати, Африканци.

Осећали су велику радост што разговарају о тим својим стварима. Срце им се испуњавало Христом. Христ је био свеж хлеб што утољава њихову глад. Био је чиста вода што гаси жеђ. Био је слатка хладовина, сан што одмара њихово уморно тело. Био је пламен што се распламсао у њима. Пламен што гори и осветљава.

Неком другом приликом, ова тројица су се срели са близанцима лучког носача, са Максимилијаном и Мартинијаном. Они нису имали никаквих својих предности сем предности коју им је подарио Христ. Од сиромаштва и голотиње закорачили су у светлост незалазећег дана и непрестано су с поносом мислили на Зопира, чудноватог и пропалог носачевог брата. Тако је: сваки човек носи у себи једну причу и једну судбину. И најлепше је седети и слушати приче о људима и сазнавати судбине сваког понаособ. И независно од броја прича које си чуо, увек те ка новим причама зове нека неутољива глад. Христ је спајао људе нераскидивим везама. Полако су овим младићима пришла и преостала два младића, Дионисије и Ексакустодијан, и сви су постали једна дружина. И живот се тада свима изменио. И тежак принудни рад постајао је лак, а непрекидно вежбање пријатно уживање. И не само то. Већ и оно друго, најважније: није дуго требало да се схвати, да се мноштво војника-хришћана угнездило у утробу Рима. И копали су и уништавали утробу Рима. Читава Јонија, с брда на брдо, од обале до обале била је заклетвом верна Христу. Јован, вољени ученик, а не Декије, био је прави господар читаве земље. Било је заиста страшно о томе размишљати. Да таква сила у себи носи пропаст!

Декије је то осетио. Рим се мењао изнутра. Рим је постајао хришћански. Ускоро ће борба против себе или против хришћана бити једно те исто. И на који начин и са којим људима да се бори против хришћана? Тако је једним оком гледао непријатеље Готе или преторијанце, а другим је бдео над хришћанима. Његов живот, његова власт били су невероватна мора. Већ два века, Капитол је био пун кошмара. Седам римских брежуљака стајало је као страшило на пољима тела чувеног града. Петрови ланци, Павлови ланци одјекивали су по влажним плочницима сваког часа, у том Мамертинском затвору, свуда. Христов крст био је урезан на царским палатама. Иза сваког стуба вребао је по један хришћанин. Нерон, упркос свему оном што је намеравао да учини, живео је у романтичарском, идиличном раздобљу хришћанства. Тако увек почињу стравични земљотреси, који потресају земљу. Нерон се бавио зверствима као лепом уметношћу, као да је свирао китару или певао. Остали, мало-помало, неосетно подражавајући његов пример, претворили су хришћане у заверенике. Тако су имали на располагању излаз за сваку тешкоћу. Кад би их задесила глад, кад би се побунила војска, кад би често падала или не падала киша, кад би царска каса била празна као мозак дворјана, кад би у некој провинцији окрутан војсковођа изазвао побуну, нико други није био крив него само хришћани. Било је и времена када је престоница Рим мировала. А негде далеко, хришћани су били прогањани. Јер су их оптужили трговци стоком, месари, гробари и многи други, који су били организовани у удружења, гледајући како пропадају од постепеног укидања идолопоклонства. Ако се смањивало приношење жртава, они који су се бавили продајом жртвене стоке, бунили су се. Власт је наређивала локалне прогоне. Била је то прикладна прилика да Рим покаже своју снагу и да народе држи у покорности. Чак и када је лоша управа водила потлачене народе у побуну, хришћани су опет били лак плен. На крају, то је постало, тако рећи, навика. Сваки цар, који је себе поштовао, морао је да организује и по један прогон. Због тога не треба да се чудимо што моћници, као Трајан или философски настројени Хадријан и Марко Аурелије, нису осетили много грижње савести кољући хришћане. Били су послати од богова ради покоља.

Присетимо се да је Декије био човек рата. Ратовао је са Готима. Ратовао је са својим претходником Филипом. Ратовао је са онима који су претендовали на власт. Свуда је вребао и по један непријатељ. Декије је долазио да задобије и задржи престо, да је могао, а није, у једно страшно време. Било је то онда када су власт држали преторијанци: они су постављали и збацивали цареве. То је почело са Пертинаком, римским царем. Убице Комода, оне звери, који је био син Марка Аурелија, мудраца, ратници навикнути на сплетке и завере, навикнути такође да буду плаћени, и то богато, за помоћ коју су пружали моћницима времена, кад су видели да им је Пертинак ускратио награду, ухватили су га и убили у његовој палати на римском брежуљку Палатину. Тада су рекли да ће престо добити ко буде дао највише. И нашао се Дидије Јулијан, који је дао преторијанцима двадесет пет хиљада сестерција и постао је накратко цар. Све то само педесет година пре него што је Декије узео, такође накратко, власт у своје руке. У међувремену, трулеж је напредовала и окруживала Рим са свих страна. У том међувремену, постао је цар и она луда звер, Каракала. Његов први задатак је био да убије свога брата Гету. У том међувремену је постао цар онај који је осрамотио и Рим и име човека, Елагабал. И они, који су с правом названи „једнодневним" јер су губили престо истог дана када су га и добијали, било да су убијени или нестали на неки други начин. Био је то јединствени тренутак, када је жеђ за влашћу обузела све. И у том вртлогу, неспокоју и збрци једино хришћани, тај народ пун вере и ината, ти прогнани и блаћени и непрестано мучени, нису губили свој спокој, који је био спокој Христов.

И дошао је час када су се још једном нашли као противници Христ и цар. Декије, један уплашени човек, какви су заправо сви они који поседују власт, борећи се против овог и оног, нашао је времена да размисли како би његова победа била и ружна и безначајна кад не би успео да покори дух и да обузда веру. Христ је био Декијева највећа брига. Ти људи, тихи, сиромашни, понизни, исушени, чије је присуство било неосетно и неважно, који нису жудели за овим светом, нису се бринули ни за шта друго осим за спасење своје душе. Декије није био од оних људи који пажљиво копају по стварима да пронађу истину. Чак и да је могао и желео, ни прилике, ни време, огољено периодима ћутања, не би му то дозволили. Тако, шта је друго могао да уради? предавао се колективној свести. И колективна свест, створена од најразличитијих материјала, за све је оптуживала Христа. Погрешно је сматрати да су се највеће патње Христове догодиле у тој мученичкој недељи, у недељи велике патње. Христ је највише претрпео и пропатио у прва три века свог присуства од својих заклетих непријатеља; и највише је претрпео и још трпи од самих хришћана.

Колективна свест је вребала на свакој раскрсници; иза сваке невоље, као што је већ речено, налазила је Христа. Било је дакле природно што цар, који је чекао смрт, један прави цар пропадања, човек осуђен на насилну смрт, испод сваког камена као кривца налази Христа. А кад би могао да искорени хришћане, да убије Христа, да га убије по други и последњи пут, како више не би било никакве наде да ће васкрснути у мислима и душама људи? То би био подвиг достојан његове владавине. Међутим, бацао је поглед унаоколо и осећао се базнадежно, Рим осакаћен, труо, зарђао, болестан од набујалог хришћанства, а провинције преплављене заразом што се зове Христ. Поред њега, даље од њега, свуда, њушио је хришћане. Није знао да ли је и човек који му је отварао врата, и човек који је бдео док је спавао и човек који му је доносио да потпише царски декрет, био хришћанин. Његов сан је био распарчан, исцепкан; испрекидани тренуци, пуни стрепње и ужаса. Понекад је мислио да се налази у неком узаном и мрачном лагуму без излаза; понекад да је ходао по палати без светлости, немоћан да игде нађе врата или прозор; понекад је, опет, чуо страшне крике, нешто између урлања и оплакивања, свуда око себе; и коначно, да се налази у веселом врту, где се изненада појављивао пред њим Христ, час са роговима бика, час у лику змије а час у лику младића, који силази на стадион да се такмичи са осталим младићима. Христ је у Декијевом сну попримао разне ликове и лица. Јер у царској свести Христ је био нешто неодређено и страшно, и неочекивано. Страх. Претња нестанка. Смак света.

Понекад је размишљао: толико царева, толико страшних војсковођа је ударило на хришћане тако да је изазвало сажаљење у срцу и најокрутнијег човека, али нико није успео ништа да уради. Шта ће он моћи? Међутим, та зараза, која је подривала тело царства, морала је да нестане. Имао је поред себе Антигена, Грка из Кирене, оданог дворјанина и веома искусног у таквим стварима.

– Антигене, рекао му је једно вече, идући горе-доле по палати као бесан пас, морамо да нађемо начин да истребимо те проклете хришћане.

– Да их истребимо! одговорио му је Антиген. Знао је, наиме, тај злотвор какво добро би му један прогон могао донети, до какве моћи уздићи, какво богатство обезбедити.

– Милом или силом? упитао је Декије.
– И милом и силом! одговорио је Антиген.

— Шта мислиш да је правилније, корисније, хоћу да кажем? упитао га је поново Декије.

— Наравно, силом, или бар оним што сматраш силом.

Декије је накратко застао, у нади да ће смислити нешто више.

— Државна каса је осиромашена. Легијама је потребан новац. Преторијанци су поново почели кришом да разговарају. И на истоку и на западу постоје многи хришћани који поседују винограде и куће, упркос свом привидном сиромаштву; који у својим оставама имају ћупове пуне злата; тим златом одржавају заједничке трпезе, скупове, тим златом се организују завере. Ако га изгубе, неће моћи да се покрену; и ако се покрену, ноге ће им бити одсечене. До сада је било толико прогона; нису нестали...

— Можеш ли да ми кажеш зашто? упитао је Декије.

— Били су обављани без система, без програма, зато.

— Шта мислиш, како га треба обавити?

— Најпре, да пошаљемо гласнике свуда по земљи где постоје људи, с једног краја до другог. А гласници да кажу да је дошло време да и хришћани признају цара и да траже његову милост. Да је цар благонаклон господар, отац који штити своје поданике и да је његова душа пуна милосрђа и доброте; и ако му добровољно приђу и принесу жртве боговима својих предака, имаће заштиту која им доликује и живеће даље срећно.

— То су и други урадили, ракао је Дакије. Није успело, и сам то знаш.

— Знам, одговорио је Антиген. Хришћани не узимају у обзир ни гласнике ни веснике. Међутим, треба то урадити. Власт мора да се прикаже као милосрдна и благонаклона.

— Кад би моја владавина била благонаклона, ракао је Декије, већ би ме одавно збрисали са лица земље.

– Сад си праву ствар рекао. Ипак, ништа не успева ако се не обави с добрим поводом. Наша је намера да ништа друго не желимо него да осигурамо мир у царству. И ако то не постигнемо милом, наше руке ће бити одрешене да поступимо по својој вољи.

– Мудар си ти, Антигене, одговорио је Декије дивећи му се. Ја знам за рат, ти знаш за мир. Хоћу да верујем да је твоја вештина тежа. Али, хоћу да те питам и ово: не бојиш се побуне? Хришћани су се намножили ко песак у мору. Ако се скупе, ако се закуну на отпор, а способни су да то учине, могу да донесу велике немире у држави. Хоће ли наша војска остати верна нама у једном таквом сукобу? Хришћани глођу легије.

– Немој тога да се плашиш. Твоје војсковође су прикупиле тајна обавештења од способних и верних људи. Ми ћемо распустити и поново образовати легије.

– И уопште не страхујеш? Упитао је изненађено Декије. Да распустимо и поново образујемо легије!

– И то ће бити вешто. Све се може учинити на овом свету. Једино је важан начин.

Декије је поново погледао Антигена с одушевљењем.

– И који је најбољи начин? упитао је опет Декије.

– Даћемо наређење легионарима да положе нову заклетву: цару и римској религији. Тајно, да остали народ то не сазна. Ко не буде хтео да се закуне, биће кажњен.

– Тако ће почети прогон. И почеће од војске. Антигене, мислим да то није у реду.

Антиген се осмехнуо задовољно.

– Нека почне од војске. Не треба се бојати, кад већ наш циљ није различит. Уосталом, верних легионара има много. Захтеваћемо од целокупне војске послушност. И од грађана, који нису добро оријентисани, да признају своју грешку и да приђу нама.

Ако имаш поверења у мене, препусти то мени. Чак и ако буде већа побуна од наших предвиђања, биће то добро за царство. Крв ће испрати многе заразе. И из крви ће држава изаћи нова, власт ће се препородити и имаће поверења у себе, јер ће моћи да наметне своју вољу свима. А ти ћеш бити владар који је обезбедио спокој у земљи. Декије Велики. Јеси ли икад помислио на то? Декије Велики. Твоје име ће остати бесмртно. Помињаће га поколења с љубављу и поштовањем.

Декије се много обрадовао слушајући те речи. Свакако, било с које стране да је гледао на ствар, Антиген је био у праву. Само што се цар некако плашио тог питања с легионарима. Ако се неки буду побунили? Он је војно лице, није дворјанин и саветник.

– Пусти ме сада да се одморим, рекао је Декије.

Устао је, пришао прозору, погледао је Рим усред ноћи. Звезде су на окупу сијале на небу. Сребрне воде Тибра текле су тромо. Антиген је лаганим кораком нестао у ходницима царске палате. Декије се сетио Нерона, пожара, уништења Рима, хришћана посутих смолом и катраном како горе осветљавајући вртове, борбе са зверима, борбе гладијатора, набијања на колац, сакаћења. Осетио је како му срце расте пуно чудне милине. Гле, великог цезара! помислио је. Необориве моћи. Али у исто време га је протресла језа од страха. Једно име, као изоштрено сечиво, убило га је директно у срце: Галба! Шта беше Галба? Ко је заправо био Галба? Галба је дошао из Шпаније са много побуњеника да смакне Нерона. Галба га је натерао да се сам убије да не би пао жив у његове руке. Од цара, који је својим хладним длановима згњечио читав свет, као зрео плод, није остало ништа осим закланог говеда. Како је ноћ била хладна! Како је свет одједном постао хладан! Декије је опет погледао Рим, ноћно небо, вијугави Тибар. Био је толико пуст и усамљен! Зар је то, дакле, моћ, зар је то власт, та хладноћа усред ноћи, осећање пустоши и сиромаштва који те терају да прибегнеш прогону и да стварaш страх како би стао на своје ноге? Против своје воље, чак и не схвативши како, поспаних очију и уморне душе, Декије је помислио: постоји ли неки други Галба, који ће доћи по мене? И када ће доћи? И одакле? Антиген, да, Антиген је веран слуга. Много пута, и онда када је био војсковођа, и онда када је преузео престо и касније, када је за кратко време Декије био господар земље, много му је паметних ствари рекао. Међутим, овога пута Антиген мажда греши. Послао је да га поново позову.

– Позвао сам те, рекао му је, поново јер сматрам да је прогон веома опасна ствар. Ето, погледај Рим! Како мирно спава! Колико су спокојни његови брежуљци, колико његове воде!

– Мислиш да спава! одговорио му је Антиген. Кад би могао боље да погледаш, видео би уплашене сенке како иду од подрума до подрума, с пута на пут. Те сенке се окупљају у лагумима и кућерцима, и моле се туђем богу, припремају пропаст Риму. Рим бди, не спава. Једне ноћи ће устати и тада ће нас страшно казнити што нисмо предвидели његову пропаст. Рим је кошница. Хришћани су пчеле које у тишини, стрпљиво и лукаво, сеју смрт у његовој утроби.

– Дакле, шта треба урадити?

– Хришћани треба да нестану док је још време. То треба урадити.

– Преузимаш ли одговорност на себе?

Антиген се здушно насмешио.

– Коју одговорнот да преузмем? Одговорност је твоја. Ти си цар. И један цар може да учини и зло. То значи бити цар!

– Је ли то, дакле, зло?

– Не, то је оно што нам треба. Нема имена. Није ни добро ни зло. То је оно што нам треба.

Декије је пустио да Антиген оде. И остао је сам да поново посматра ноћ. Тада је пред његовим очима прошло једно бело крило сачињено од плаве и златне светлости. То крило је био Христ. Раширило се, порасло је и покрило је царски град Рим. А затим је Христ постао лице, умиљато и смирено, великих и светлих очију, црне, подељене браде, косе, такође подељене – тако га је једном видео Декије на некој фресци, на пустом месту хришћанске молитве, где га је ратна нужда довела да се одмори. И то лице, Христ, отворивши уста рекао је Декију:

– Ма колико да се трудиш, нећеш моћи да ме победиш. Сва снага овога света спрам мене је као маслачак на ветру.

– Ко си ти? викнуо му је избезумљени цар.

– Ја сам невидљиви, који постаје видљиви, Бог који постаје човек, љубав која постаје снага.

– Ниси ништа, ракао је Декије. Ти си човек мрака, који се вуче по лагумима и пећинама. Ти си змија која сеје пропаст.

И усмерио је своју песницу ка њему. Лице је остало непомично, непромењено, у ноћи, поред њега, преко пута њега, висеће, у ваздуху, у светлости римских звезда.

– Каква мора! ракао је Декије. Ратови су ме исцрпли, бриге су ме дотукле. Очи су ми поспане и виде утваре.

– Ја сам Господ Бог, рекао је поново Исус, свагдашњи, вечни. Постојим пре него што је постојала земља, постојаћу и кад се сунце буде угасило. Ја сам господар живота и смрти. Декије, твоји су дани на мојој ваги одбројани и нашао сам да су недовршени!

Хладан зној текао је низ чело, са руку и ногу, измученог цезаревог тела. Чуо је у ноћи како урличу чудновате звери, као хијене у афричким шумама. Умало није пао. Зглобови су му попустили. Помислио је да викне, није успео.

— Ко си ти што урличеш, што се без страха обраћаш моме величанству?

— Твоје величанство се родило у крви, у крви ће и умрети. Покољ је његов отац, страва његова мајка. Не можеш да станеш на ноге ако не убијеш.

— Богови су ми поверили судбину света. Ја бдим и чувам сан других. Ја сам неспокојан који бринем о спокоју других. Рим спава, а ја бдим. То је моја мисија, мој задатак.

— Рим не спава, чека. Неће протећи дуго времена и на њега ће бити постављен мој победоносни крст. Декије, час спасења је близу. Покушаћеш да ме убијеш. Хоћу да ти кажем да си осуђен и у овом и у оном животу. Ја сам светлост. Како ћеш моћи да убијеш светлост?

— Антигене, Антигене! повикао је Декије.

Међутим његов глас није имао звука; био је шупаљ као јесењи увенуо лист што пада са дрвета. Антиген је спавао дубоким сном у унутрашњим одајама палате. Антиген је био један безосећајан циник.

— Антиген ти спрема пропаст, ракао му је Христов лик. Антиген је дух зла. Он је пакао, који је добио лик и дошао да те обавије својим мраком, као мајка која обавија у своје руке, у свој топао загрљај своје оболело дете. Он је дух ђавола. Можеш, ако хоћеш, и у задњем часу да се спасеш. Међутим, знам да не владаш собом. Знам да нећеш хтети ништа, нећеш моћи ништа. Скупи снагу и иди да легнеш. Сутра ћеш потписати један декрет. И твоје име ће остати за вјеки вјекова као име покоља и ужаса. Декије, нема ти спаса!

Цар је јаукнуо. Дисање му је постало кратко као у човека који се задихао. Зној је капао попут кише низ измучено тело.

Почело је да свиће. Чуо је петлове. Глас им се ширио пурпурно изнад успаваног града. Угасило се лице у сумњивом светлу ране зоре. Легао је исцрпљен на месту на ком се налазио. Пробудио се касно. Дан је био под тешким облацима. Ускоро је почела јака киша. Тибар је надошао. Око поднева, Антиген му је донео спреман декрет за прогон. Покушао је да се супротстави, није успео. Тако је још једном на царство пало проклетство покоља и јаука. Декрет написан на сјајном пергаменту узели су коњаници гласоноше да га однесу у све делове царства. Однели су га и у Ефес. Међутим, страшна вест је већ била позната, пре доласка гласника. Рим је поново био љут. И заратио је с хришћанима. Вечита прича. Од уста до уста ишла је вест, тамо у Ефесу, и најежили су се сиромашни крајеви. Њихово сећање било је веома јако, сећање на патње. Знали су шта се десило пре неколико година, шта се с времена на време дешава. Хришћани су се тајно окупљали да би одлучили шта да раде. Окупило се и седам младића које је повезивала нераскидива веза Христовог учења. Срце им је било огорчено, размишљање тешко и мутно. Ништа нису одлучили. Били су то војници Рима, њихов положај је био тежак. Ако погазе заклетву, начиниће двоструко безакоње: биће отпадници и као грађани и као органи власти.

У Смирни је зло већ избило. Царски декрет су на тргу објавили гласници, истакли су га свуда где се скупљао народ, написан је био од стране вештих калиграфа, тако да и најнеписменији не превиди ни речи. Пагани, сем одређених добронамерних изузетака, и у овом случају су постали пси трагачи који нањуше хришћанина, ма где се он налазио, био он јунак или кукавица. Многи су од страха и ужаса отишли и потписали. Христ је заувек остао у њиховим срцима. Ипак, формално су потписали. Чак су и жртве приносили боговима крвопијама. Целокупно хришћанство се још једном нашло под претњом мучења и истребљења.

Зло је почело да се шири и у Ефесу. Прва жртва је био сиромашни надничар по имену Аристобул, од родитеља пагана, који је тек био пришао новој вери. Издао га је зао сусед, водили су га претору, не Херодијану, тај је већ био мртав, него неком злогласном Лукилију.

– Аристобуле, ракао му је претор, чујем да си скроман и сиромашан. И веран цару. Међутим, допрле су до мојих ушију и вести да сада у последње време посећујеш незаконите скупове. Је ли то истина или не?

– Не знам за незаконите скупове, одговори му је Аристобул. Радим на њивама господара Тирса. Нисам роб. Родио сам се као слободан од родитеља ослобођеника. На овоме свету нисам ниједном човеку нашкодио.

– То знам, ракао му је претор. Друго ме занима: јеси ли хришћанин или не.

Аристобул је спустио главу, није проговорио. Претор се наљутио. Поново га упита:

– Јеси ли хришћанин или не?

– Верујем у моћ Бога и Христа Спаситеља, одговорио је Аристобул.

– Рим не жели да верујеш. Рим има своје богове, истините и вечне. Рекао си да си миран човек и радан. Не преостаје ти ништа него да се покориш Риму. Цар је наредио да се смакну хришћани. Ако нећеш да и ти нестанеш, мораш да принесеш жртву.

– Какву жртву? Ја сам потпуно сиромашан. Немам новца који је потребан за тако нешто.

Претор се осмехнуо.

– Не брини. Ја ћу ти дати животињу за жртвовање. Имаћеш част да ти животињу поклони Рим, цар. Коме желиш да жртвујеш? Великом Зевсу или Афродити? Пану, богу шума или Хефесту? Или пак заштитнику путника, богу крилатих ногу, Хермесу?

Аристобул није одговарао. Лице му је било бледо, осећао је како му се тело хлади.

– Шта имаш да кажеш? упитао га је претор. Ком богу желиш да жртвујеш?

– Наша жртва не познаје другу крв до крв Христову.

– Ти си проклети црв! повикао је на њега претор. Или признајеш покорност цару или ћу те предати џелату.

– Не признајем покорност, промрљао је Аристобул, тако да се једва чуо.

– Нисам добро чуо, ракао је опет претор. Признајеш ли покорност, одричеш ли се Христа, да или не?

– Не одричем га се, ракао је тихо надничар Аристобул.

– Водите га, ракао је претор неизмерно љут. Можда ће касније променити мишљење.

Одвели су га, затворили у мрачни лагум, завезали му ноге и руке тако тешким ланцима да не може да се помери. А био је копач, човек јуначког срца и снажних руку. Оставили су га три дана и три ноћи без хлеба и воде. Водили су га поново пред претора гурајући га и вукући. Претор је био човек који је лепо живео и био је задовољан собом, управо је био прекинуо важну гозбу у пријатељској кући.

– Схватам да си јако добро размислио, пријатељу, ракао му је смејући се. Дакле, позваћу народ да се скупи испред преторијата. Тамо ћеш принети своју жртву. Договорено?

– Данас је још више касно него прекјуче, одговорио му је смирено Аристобул.

– Шта хоћеш да кажеш још више касно?

– Прекасно да бих приносио жртву.

– И ови ланци? И жеђ? И глад?

– Не марим ни за шта. Само то могу да ти кажем.

– Водите га, рекао је опет. Доведите ми га за недељу дана.

Одвели су га. Однели су га у други лагум, још мрачнији и влажнији и још ужи да гори не може бити.

Бацили су му парче хлеба, и чашу воде. Појео је хлеб, попио воду и благосиљао је Бога. Упитали су га:

– Када желиш да принесеш жртву?

– Никада, одговорио им је.

Поседовао је свети инат слободе. Одвели су га. Скинули су му одећу, почели су да га бичују вишеглавим бичем. Свака глава и клинац. Леђа су му постала црна. После су му леђа била одрана, крв је текла топла и густа. Човек се трудио да не јаукне, да се не савије. Није му пошло за руком. Мучитељи су се смејали. Нагнули су се над њим и поново су га питали:

– Принећеш жртву или не?

Кренуо је да одговори, није успео. Само је махнуо, не.

Бацили су га поново у лагум. Трећег дана су га изнели. Ватра је горела у његовој утроби. Повреде су се низале попут црне змије по његовим леђима. Крв је била густа и заударала је. Сваки покрет га је мучио. Дали су му парче хлеба и купу воде. Није могао да поједе хлеб, попио је само гутљај воде. Одбројали су му још тридесет девет удараца бичем по леђима, по старим ранама, где год су стизали. Човек није могао више ни додир да поднесе. Крв је текла по лицу, по коси. Мукао је као говедо. Поново су га питали:

– Принећеш жртву или не?

Једва је успео да подигне једну обрву: не!

Поново су га бацили у други лагум, а за недељу дана су га поново довели пред претора.

– Веома сам радостан што те поново видим, и то тако доброг здравља, ракао му је претор. Сада си већ један разборит римски грађанин.

После је променио начин:

– Проклет био твој Христ, рекао му је. Проклет био! Сад ти понови.

Аристобул је лежао на хладном плочнику и није могао ни да се помакне, ни реч да проговори, био је клупче крвавог меса. Покушао је да се уздигне, није успео. Поново је подигао обрву: не! Тада је претор наредио да запале велику ватру, да загреју казан с катраном и да несретника баце унутра. Сакупио је народ испред преторијата ради забаве. Међутим, то је био народ Јоније, није био народ Рима, та варварска светина. Нису се скупили, него само најпрљавији и најпокваренији људи са улице. Запалили су ватру, ставили су катран да прокључа. Аристобул је лежао доле чекајући спасење. Пре него што су га подигли као врећу да га убаце у кључали казан, побринули су се да га још једном упитају:

– Принећеш жртву или не?

Није одговорио. Подигли су га. Бацили су га у казан. Скупина је урликала. Аристобул није ништа осетио. Био је мртав. Можда од часа кад су га бацали у казан.

Град је сазнао, уплашио се. И пагани су се уплашили. Јер тај ужасни чин није био грчки начин размишљања да би то могао да поднесе. То је био Рим у распаду. И пристајало му је.

Претор се разбеснео што је тако брзо изгубио Аристобула. То сада више није био пример за народ, то је била срамота за власт. Многи би рекли: зар је смрт тако лака ствар? А претор није желео да то кажу. Смрт би требало да буде дуга прича, да умиреш сваког дана, полако, да је патња неиздржива, и поред тога да тело истраје.

Позвао је у своју палату људе који су му били верни да се распита и сазна. То су били мучитељи и убице, људи који су многе људе побили, увек жедни крви. Ликови које је испљувао Хад. Сећали су се Аристобула и смејали се, али претору уопште није било до смеха. Позвао је код себе и вође легионара, и писаре, и гласоноше, и коњанике и пешадинце и тркаче под пуном опремом. Скупило се око њега велико мноштво, Рим у малом, у Ефесу, а претор други Декије.

— Хоћу да знам колико се од тих неверних паса вратило боговима својих предака, викнуо је.

Његови људи су се погледали. Један писар се усудио да каже:

— Имам четири дојаве. То су четири хришћанина који су се одрекли Христа и долазе да траже твоју милост.

— И ко су ти?

— Један носач, један роб запослен у богатој кући, две жене.

— И шта да радим са носачима, робовима и женама? Шта је са осталима? Јесте ли добили њихова имена, јесте ли их уписали у своје књиге? Ко су остали? Има ли их много?

Претор је устао и ходао је међу људима као звер која се осећа окружена хиљадама непријатеља.

— Колико их има? Хоћу да знам. Да знам са каквим бројем имам посла.

Један груби ратник се подигао:

— Уписано је хиљаду петсто. Међутим, има их много више. Убацили смо своје људе да проверавају и да сазнају. Листа расте из часа у час.

Претор је стао, размислио је.

— И тих хиљаду петсто су прави? Или непријатељ потказује непријатеља и Римљани се међусобно истребљују, док кривци налазе прилку да се сакрију?

Нико није одговорио.

— Тражим одговор! Очекујем одговор! Викао је бесно претор. Римска власт се заснива на исправности и праву. Невин човек не треба да настрада. Али и крив човек да не избегне казну. Оставите остале. Говоримо о тих хиљаду и петсто. Јесу ли сви хришћани, јесте ли сигурни?

Један је узвикнуо:

— Сигурни смо!

— И шта су они? упитао је поново претор. Носачи и робови?

— Људи Божји! одговорио је један писар, склупчан између осталих, ситан човек, очију пуних пламена и смрти.

— Људи божји, ракао је претор. Наравно, тако кажу! Људи божји, а не људи богова, људи отаџбине, Рима.

Сео је опет, остали су гледали, хладна тишина је владала свуда. Претор је размишљао. Изненада је поново устао бесан:

— Ко је тај који је ово рекао? Нека иступи испред мене!

У великој палати скупина се сва најежила. Отворили су пут да писар прође. За тренутак сав тај скуп је осетио како дах лудила влада светом. Да ли су исправно чули и да ли су исправно схватили? То није било податак, била је то, наравно, одбрана. И ко је био тај човек, који је у себи има такву снагу, да може да каже добру реч за противнике Рима у овој сали, усред овог мноштва људи верних и оданих? То није био човек, био је човечуљак. Једно ништавно створење.

Претор га је препознао, срце му се некако олакшало.

— Јеси ли ти Лисимах из Кизика?

— Да, ја сам Лисимах из Кизика, потомак Грка и веран боговима.

— Зашто си, онда, изговорио те речи?

— Јер верујем да пут којим идемо није исправан. Против једне вере не треба да се боримо оружјем, већ другом вером.

Претор је покушао да се осмехне.

— Читаш много књига, добри моји Лисимаше, а твој мозак није створен за много књига. То, дакле, кажу твоји филозофи?

— Нису ми потребни филозофи. Навика ми је да мислим, то је све.

Убице су стале да се међусобно гуркају. Гледали су писара радознало. Испитивали су му тело да види да ли би вредело труда.

— Хоћу да кажем, наставио је писар одважно, до те мере да је постојао страх за његову судбину, да је Рим изгубио веру у себе. Верује само у своју материјалну снагу која му је још преостала. Хришћани верују у љубав. Ми би требало да верујемо у правду. Међутим, преостала нам је само сила.

Претор је опет сео. Остали су ћутали. Претор је дао знак да се разиђу, да се сала испразни. Задржао је поред себе само Лисимаха.

— И није правда то што хоћемо да истребимо непријатеља који се скупио да упропасти Рим?

— Не, то није правда, одговорио је Лисимах. Хришћане ствара сâм Рим, нико други. Ствара их глад, болест, несрећа и смрт. То су људи без наде. Шта друго да раде? Прилазе Христу. И он им обећава бесконачан живот, далеко од бола овога света. Христ их учи да не постоји разлика између сиромаха и богаташа, између цара и војника. И наравно да не постоји.

— И ти, Лисимаше, верујеш да не постоји?

— Верујем да не постоји, одговорио је спокојно Лисимах. Гомила костију, парче смрдљивог меса смо сви ми.

Претор је поново почео да се шета по празној сали љутит.

— Да ниси и ти хришћанин, змијо отровнице, коју гајим у недрима?

— Не, нисам хришћанин, то знаш. Само сам човек који не дозвољава другима да мисле за мој рачун. Трудим се да схватим, стално томе тежим. Поседујем једно достојанство, достојанство човека који мисли.

— Не разумем шта хоћеш да кажеш, рекао је претор.

Лисимах није реч проговорио. Плашио се да није превише рекао. Поново је све заћутало. И било је то неко благо и слатко време, време Јоније. Затим је претор поново упитао:

– Да ниси и ти хришћанин?

За претора су постојала само два света: хришћани и они који су одани Риму. Оно између није био у стању да схвати.

– Не, нисам, и то знаш, одговорио му је поново Лисимах с очигледним инатом.

– Заиста сте чудни људи, ви, Грци.

– Нисмо чудни. Ми смо слободни. У односу на сваког, у односу на све. Не волимо насиље. Волимо да говоримо и да разговарамо, понекад док не исцрпимо тему разговора и од тога остане само велика радост. Ниједан други народ на овом свету осим Грка не зна колико је говор драгоцени божји дар. Некада смо имали Пнику. То је један брежуљак у Атини.

– Да, знам Пнику. Био сам једном у Атини. То је једна стена, на зимском ветру.

Претор се сетио Атине и срце му се разнежило.

– Тамо су говорили, рекао је писар, стално су говорили. Народ око њих је слушао оне који су говорили и волео их је, ако су лепо говорили, чак и ако нису били у стању да кажу оно исправно. Били су омађијани снагом и лепотом говора. То је значајније него што се чини. Римљани воле ћутање и дела. Међутим, дело, баш због тога што је дело, окрутније је него говор.

– Не разумем те, ракао му је опет претор. Али, забављаш ме, проклетниче!

И осмехнуо се пријатељски. Затим је ракао:

– Жене у Атини су биле лепе.

Затворио је напола очи, размишљао је. Лице му се смирило. Тако је, када се сетимо жена.

– Дакле, шта треба да радим? упитао је претор. Ти си, пријатељу, мудрац.

– Учини оно што мислиш да је исправније.
Претор опет није дуго ништа рекао. Затим је додао:
– Узми и пиши. Тих хиљаду и петсто хришћана да баце иза решетака и да чекају моја наређења. Да пронађу и остале. Откако је Рим дозволио Грцима да га опчињавају својим лепим речима, изгубио је своју древну снагу. Стави философе у своју библиотеку и позови преторијанце у моје име да се скупе сутра чим се сунце појави изнад брда, да им кажем шта треба да ураде. А ти, немој много да читаш. Можеш да одеш, Лисимаше.
Лисимах је пошао. И остао је претор у тој великој сали да размишља.

Наредни дани били су веома горки широм царства. Гласници су имали шта да кажу. Реке крви су протекле, море крви је прекрило градове, прекрило је све. Рим је постао уздах и плач. Власт је била љута због отпора с којим се суочавала, због упорног ћутљивог негирања. То је било несхватљиво. Чудио се и најравнодушнији док је гледао како равнодушно трпе мучења и смрт створења понизна и сиромашна, створења несрећна. Декије је изгубио разум, није знао шта да каже и шта да уради. Антиген је био послат у далеке провинције ради планирања и руковођења овим чудним ратом. Напокон, стигао је и у Ефес. Попео се на преторијат уз велику пратњу, нашао је претора. Његов долазак је престрашио град, утерао је страх у кости.

„Антиген, веран цару, дошао је као појачање прогона!"

О томе су сви размишљали. Разговарао је са претором. Узео је у руке списак криваца. Подигао је обрве, промрљао је:
– Много их је.
– Има их још, ракао је претор. Моји људи су спремни да их све открију. Нису оставили ниједно сиро-

машно предграђе, кућерак, лагум, рупу на земљи, где нису тражили! Прочистићу Ефес од заразе.

– И шта ћеш радити са оних хиљаду и петсто? упитао је Антиген. И са онима који ће пасти у твоје руке касније?

– Шта ћу с њима? Уништићу их! Мучењем, смрћу.

– Има ли људи са имовином међу њима? упитао је Антиген.

– Мислим да су они ретки. Не знам, пажљиво ћу испитати списак.

– То је прво што би требало да провериш, рекао је Антиген. Царској благајни је потребан новац, свима нама је потребан новац, цар је осиромашио.

– Цар је осиромашио? упитао је изненађено претор. И када је успео да осиромаши?

– Власт у наше време осиромашује брзо, ракао је Антиген. Сутра ће преторијанци у Риму тражити још давања. Ако их не добију смениће цара.

– Још је рано! Одговорио је претор.

Антиген је упро упоран поглед на њега, пун значења. Затим је ракао:

– У сваком граду постоје гомиле незадовољних, људи богати и честити. И они су непријатељи. И њих ћемо назвати хришћанима. У тешким временима потребна су тешка средства.

– Биће спремни да принесу боговима жртве, ракао је претор, јер се нису богова одрекли.

– Нећемо им тражити да жртвују. Нећемо им допустити да говоре.

– Не могу да учиним тако нешто, рекао је претор.

– Моћи ћеш! одговорио му је Антиген, на начин који није дозвољавао противљење.

Претор је ћутао. На крају је рекао:
– Покушаћу.

Антиген је осетио да поново слободно дише. Иређали су се црни и мрачни дани у Ефесу. Крв доноси крв. Претор, који је знао вештину успорене смрти и тражио од мучитеља и убица да стално проналазе нове методе мучења, постао је незасити демон-крвопија, који је стално пио и стално био жедан. На гомиле су водили хришћане крај водених токова, међу њивама, и ту су их клали. Поцрвенеле су воде и њиве. Клали су их и по граду, како би их остали видели и постали смерни. Зло је било такво да су људи полудели. Али претор није заборављао ни свој стари занат. Гвоздене кревете и ужарене шипке, бичеве са смртоносним реповима и незамисливе куке, пламене венце и казане с катраном – и све ђаволске справе које су биле у сталној употреби. И постао је Ефес бескрајан плач, неизрецива туга.

И поред тога није био мали број оних који су успели да се спасу скривени у кућама Римљана или избегли у далеке пустиње, у немаштину и муку. Увек је тако било. Рим је брао плодове. Семе је остајало у плодној земљи. Међу њима и седморица уснулих младића. Та прича је заиста чудесна, како су замислили пут спасења, како су се спасли. И није створена за невернике. Или за оне који не успевају да осете суштину чуда.

Тих седам младића су били војници Рима. И нису помишљали да одбаце законе Рима. А још више да њихово срце одбаци веру Христову. Осећали су сваког дана да их окружује сумња као гвоздени венац, који се стално смањивао, да би на крају постао прстен. Спољни свет им је постао туђ. Нису знали где су им били родитељи, где се налазе браћа, вољене особе су нестале. И како да живи јадан човек без вољених лица? Недељама и недељама њихов легионар, заузет другим пословима, није учествовао у прогону. Живели су у некој пустињи, далеко од Ефеса, бавећи се пословима мира. Чули су и били су престрављени, али зло се није приближило тој пустињи. Дошло је и време да се врате у град. Тада је, приповеда стара хроника, сам центурион, њихов центурион, који их је много заволео, а знао је да су хришћани, помогао да избегну смрт. Једна друга хроника пише како су сами младићи донели ову одлуку. И десило се да је првог дана, када је Јамблих, први и блажени, закорачио на ефеску земљу, видео по улицама мртве, глава одсечених и бачених у црвено блато и реку крви. Распукло му се срце, позвао је и остале кришом, а у међувремену их је Бог просветлио; нашли су склониште и спокој.

9.

„ПО ПЛАНИНАМА, У ПЕЋИНАМА И У РУПАМА ЗЕМЉЕ"

Разишли су се, пошто су одредили на ком ће се месту опет срести. Стрепили су да сазнају шта се у том вртлогу десило са родитељима, браћом и пријатељима. Под штитом, кацигом и мачем. Као легионари, безбедно су ишли из места у место, још неко време као људи Рима. Сејали су страх куда год су пролазили. Јевреји, пагани и малобројни хришћани, који су остали нетакнути, осећали су исти ужас пред оном неизмернон патњом. Спокојна времена претора Херодијана пала су већ у заборав. Овај Лукилије, претор који је сада владао земљом, претворио се у неукротиву звер. Најгоре пијанство није од јаког вина, од блудне жене која игра нага пред мушкарцем; најгоре пијанство је од црне и црвене крви људске. Сви моћници ове земље пију реке крви, а жеђ им се не гаси. Убице владају светом. Мартинијан и Максимилијан, синови носача који је живео у Ефесу, ишли су заједно. Толика беда, а сада још и смрт! Пролазили су кроз сиромашне крајеве. Стигли су у кућу, која је некада, чак и празна, била весела. Врата су остала широм отворена. Праг је зарастао у траву. Једна мршава мачка, прави костур, мјаукала је у малом дворишту. Толика пустош, толика сиротиња, стегле су њихово срце, и нанеле му неподношљив бол. Кренули су да се распитују од куће до куће. Срели су очи суве, увеле усне, људска створења, која тек што нису изгубила људски лик.

– Отишли су! рекла је нека жена, која је изгледала избезумљено од великог страдања.

– Да ли су их одвели? упитао је Мартинијан.

– Не, нису их одвели, отишли су. Стално су кукали због вас, над вашом судбином. И мртви би могли да оживе ако би вас опет видели.

Толико је рекла и увукла се у подрум. Двојица легионара су ишли даље, срели су једног старца који се тешко вукао кроз своју старост. Подигао је своје црвене очи да их добро погледа.

– Земља се отворила и прогутала их, одговорио је старац. Земља све гута у ова опака времена. Ја сам паганин да знате. Родио сам се као паганин и као паганин ћу умрети. Али, моје срце је пуно туге због ужасне несреће.

Вратили су се натраг у напуштену кућу, мачка је стајала и гледала их.

– Куда би могли да буду? питали су се. Нису налазили одговор.

Антонин је имао срећу да сретне Ноеми. Пала је на њега и стала да га љуби. Кроз њу је прошла избезумљеност. Била је сенка од човека, мрвица. У тамну и горку ноћ одвели су сина Еугена. Жалили су за његовом лепотом, која је остала увек чаробна, позивали су га да се одрекне Христа. Касније су га живог одрали. Ту неизрециву лепоту, ту бескрајну доброту. Антонин је пао у страшну тугу: људско срце то није могло да поднесе. Распитивао се о мајци, отишла је. Куда је отишла? Све је запало у хаос без почетка, у хаос без краја. Као да се овај свет уморио да оплакује људске несреће и сам је од себе нестао, постао је мрачан ветар у коме су још нека невероватна створења мицала своје руке и ноге – оно мало што је избегло пропасти, било је спремно да нестане у несталом свету. Једно такво невероватно створење је постала и мајка Хермиона. Али у себи је још увек чувала доста од оне древне светлости, од оне снаге и смелости коју јој је бол дао. Није престала да страшним речима проклиње Агатија који јој је разорио дом. Изгубила је мужа, изгубила је сина, изгубила је своју душу. Хришћанка из нужде, није успела да заборави старе дане у Милету, ону младост, срећу. Хладнокрвно је примила синовљеву одлуку.

– Нису те још одвели? упитао је Јамблих.

– Не, нису ме још одвели. Имовину, која ми је преостала, поделили су међу собом достављачи. Из сажаљења су ме оставили да живим сама у овој кући. Док и њу не узму. Тада ћу, знам, морати да умрем. Спремна сам, дете моје. Плашим се само мучења. Али колико ће мучења издржати тело, изједано тугом? Некад сам била лепа, сине. Сада већ дуги низ година, не смем да се погледам у огледалу. Не знам какво ми је лице. Нећу да знам.

Бризнула је у плач. Јамблих јој је пао на колена, миловао јој лице, које је некад било лепо.

– Морам да идем, рекао јој је. Пођи са нама, има нас седам легионара. Променићемо одећу, потражићемо у ноћи која долази неку пећину у околини. Планине обилују пећинама. У њима бораве и други хришћани. Пођи са нама. Да живимо као велике птице, међу стенама, као звери, као они тврдокорни испосници, који би глад утолили једним зеленим листићем, који би пружали длан и пили јутарњу росу. Христ ће нам бити помоћ и заштита.

И пошле су с њима две жене, Хермиона и Ноеми. И срело се опет седам легионара, забринути и сироти, и чекали су да ноћ затвори своја огромна крила над светом у расулу, и ходали су између тих огромних крила, и стигли су до зелених меких брежуљака и оголелих стеновитих крајева, и чули су шакале како урличу, птице како тужно криче од велике глади, и чули су ветрове како стењу, и прешли су ходајући, посрћући, задихани, клисуре којих се плашио бедни човек, и стигли су у пећину за коју је већ дуго знао Дионисије. Он је у овом мрачном лову спасења био водич. Ушли су кроз две усправне стене и наишли су на ниски отвор, и, кроз отвор, на велико пространство и земљу, сву од пепељастог камена. Први се у ту пећину увукао Антонин, затим Константин, после Јамблих. Затим и остали. Напољу су остале две жене као мироносице, да чувају гробницу живе деце. Одлучиле су да се врате у град Ефес и да прикупе храну; да узму са собом и један крчаг и велики свежањ сламе и да се врате наредне ноћи. Одлазиле би пре зоре и враћале се ноћу, и тако све док се зло не смири. Запитао би се с правом човек, где је Ноеми, то ништа, нашла снагу да на себе преузме одговорност таквог терета. И још више би се питао да ју је видео те прве ноћи како, заједно са мајком Хермионом, узбрдо гура велику камену громаду да је стави између две усправне стене како би затворила отвор пећине. И сатима је ходала, час вукући се, час тетурајући, а нешто касније посрћући, док поново не би стигла у град Ефес.

И дошла је ноћ када Ноеми више није издржала. Истопило се њено срце, постало је као трула бресква. Кренула је на пут стењући, али није стигла до краја. Пала је у купиново грмље и ту је остала. Тако ју је нашла Хермиона, која се враћала у пећину, у тренутку када је закукурикао први петао и небо почело да се плави. Нашла ју је са торбом о рамену, широм отворених очију, како гледа овај свет отимачине и насиља, ништа не схватајући. Хермиона је испружила руку и затворила јој очи. Покушала је да јој затвори и уста али без успеха. Тако је остала Ноеми, са изразом расутог бола и упорности на лицу, за чијом лепотом је био полудео Квинт Флавије. Негде далеко, Хермиона је запазила дим који се дизао изнад једне колибе исплетене од трске. Ту су живеле дрвосече и козари. То јутро је било хладно и ставили су дрва у огњиште да појачају ватру која је почела да се гаси. Да угреју руке, да скувају млеко. Подигао се дим високо на небу у околини, запазила га је Хермиона и пошла је до колибе да замоли дрвосече за помоћ. Међу дрвосечама се случајно нашао и неки Јеврејин који је био чуо за Ноеми, Квинта Флавија и Еугена, као и за страшну Еугенову судбину. Подигли су Ноеми и положили је у колиби, доле крај огњишта, пао је пламен на њено лице и оживело је нешто од њене старе лепоте. Ничим су јој покров направили, они што нигде ничег немају, и после су је сахранили тамо близу, оставивши је да путује по пустињи потпуно сама, неоплакана, ка незнаној вечности.

Тако је и Хермиона остала сама. Сама да пуни торбу, да иде кришом, да храни седам младића који су се скривали у пећини. Кад год би син Јамблих чуо њен уморни ход, долазио је на улаз пећине. Понекад се чак усуђивао да изађе напоље, да се мало протегне. Са стрепњом је испитивао мајку о току прогона. Као бегунци и отпадници, и противници Рима показали су се ови легионари и требало је много тога да се промени, да би могли поново да сиђу у Ефес: да се прогон заустави и да претор Лукилије буде премештен, а можда и да Декије нестане, како су нестајали тада цареви, од непријатељског мача – да се мало стиша ужасна несрећа. Али такве вести Хермиона није доносила ни сину ни осталима. Радосни град је постао долина смрти. Градска руља, тај ужасни људски шљам, претворила се у праву звер. Била је то необуздана неман, која је ишла из места у место, пратећи грохотним смехом и подругивањем бескрајно злостављање мученика. Власт, и сама зверска, послала ју је по предграђима и претворила је у одвратну гомилу достављача, који нису више срамотили име човечје, већ звери.

Тако су у тој пећини дани и ноћи почели да бивају тешки. Да очекују и прижељкују смрт. Једног дана Константин је рекао:

– Други умиру, а ми смо клонули духом пред дужношћу.

— Што се више њих спасе смрти, боље ће бити за заједницу која ће се поново родити чим стане прогон, одговорио му је Антонин. Ми смо здраво семе које ће припремити нове плодове.

— То смишљају они који се плаше смрти, ракао му је Константин. Оставили смо своју браћу саме. Ми смо бегунци. Ето, то смо.

— Не, нисмо бегунци, ракао је Максимилијан. Ова пећина је место спасења коју нам је Господ спремио. Да се Господ био одлучио за нашу смрт, ништа не би могло да нас спасе.

Остали су ћутали. Осећали су да им је тело неподношљиво уморно, време је било пуно претњи и досаде. А јадна мајка Хермиона ишла је горе-доле, стењући из гомиле костију, што су на њој преостале. Поцрнела јој је кожа, смежурала се, постала је једна страшна кеса. Била је само кости и душа, која се још није предала, то је била Хермиона, коју је некад из Милета довео капетан Марко и која је блистала лепотом и младошћу. Ништа на овом свету није тужније од лепоте коју изједа, коју уништава време и несрећа. Поново је рекао Константин:

— Ја ћу отићи. Отићи ћу код претора, изјавићу му да сам спреман да умрем: огњем, мачем, чиме год хоће.

Остали су почели да се жале да његова одлука није исправна, да га моле, да га моле као браћа брата. Стигла је и Хермиона и страх се угнездио у њеном срцу да Константин којим случајем не убеди и остале младиће, и изгуби Јамблиха, своју једину наду. Причали су и причали, али решења нису налазили. На послетку је устао Дионисије:

— Чуо сам, рекао је им, да у стара времена, када би се верни и поштени људи нашли пред недоумицом не знајући шта да раде, Господ би им слао поруку онако како је сматрао да је најбоље и просветљавао им ум. Помолимо се и ми Господу, и ако је Константин у праву, нека нас у овој пећини остави без весника. А ако је право на нашој страни, нека нам објави своју свету вољу.

Сви су се сложили са Дионисијевим речима. Почели су да очекују објаву Господњу. Прошао је један, прошла су два дана. Трећег дана Константин је ракао:

– Господ је на мојој страни. Треба да се одлучимо и да одемо. Божје ћутање учи нас дужности.

Био је преписао толике књиге, толике књиге прочитао, да је постао мудрац тај Константин, Инокентијев син, достојан потомак Константина старијег.

– Трећи дан још није завршио свој пут, одговорио је Мартинијан, који је волео оваквим сликовитим речима да износи своја размишљања.

Сазнавши то, Хермиона је остала на вратима и није помишљала да се помери оданде. Била је испуњена стрепњом и грозницом, и искрено се молила Господу да пошаље свог анђела и да искорени из Константиновог срца жудњу за смрћу. Улаз у пећину је био отворен, док је Хермиона ту седела, пазећи да се кроз та усамљена места не чује људски ход и корачање. Трећи дан је већ био на измаку и они који су се плашили смрти, осећали су да им се разум мути. А Хермиона је лила реке сланих суза по сувом камену. Сунце је кренуло ка свом заласку, а они који су се плашили смрти почели су да говоре, да није правилно Божјој вољи постављати ограничења и слично, и да треба још да чекају. Баш тада се једна птичица у ниском лету шћућурила у самоћи стене. Тада је Хермиона рекла: ово је тај драгоцени весник Господњи и тихим кораком се удаљила од улаза, остављајући га слободним, ако би птичица отворила крила и хтела да промени место. Момци, окупљени у дубини пећине и предани великој бризи, каква је смрт, каква је брига о смрти, нису се више ни мицали ни дисали. А сунце је све више и више залазило. Тако је трећи дан у пећини венуо као цвет који се

претвара у плод. И птичица је полетела тик до висине ниског отвора и ушла у пећину, и избезумљена, ударила се о усправне стене полетевши увис, затим је, спустивши се, поново пронашла отвор, дочепала се слободе и нестала. Тада су сви рекли углас:
— Ево анђела Господњег.

И почели су да певају „нову песму". Тада је и Хермиона дошла и стала на отвор пећећине, позвала је Јамблиха и обасула га пољупцима, онако како несрећна мајка својом љубаљу обасипа своје дете васкрсло из мртвих.
— Господ је проговорио, Господ је проговорио!

Рекао је то и Константин заједно са осталима, али је његов глас био неодлучан, његов поглед замишљен.

Легли су да спавају спокојног срца. Ветар је хучао кроз стене, али су га они доживљавали као песму, која долази из далека да освежи уморног путника. Сан среће је корачао кроз њих. Беше то воља Господња, заповест спасења, која је покренула њихову утробу. Око поноћи Јамблих се пробудио, сео је, осврнуо се око себе, видео је остале утонуле у блажени сан, сетио се четрдесет шестог псалма, почео је полако у тишини, у самоћи, да га рецитује, као тада, крај Агатија: „Бог нам је уточиште и сила, помоћник који нам се у невољама брзо налази". Осећао је руку Божју како га додирује, како га штити. У таквом злу, Бог је био несаломиво присуство, скровиште и снага. „Стога се нећемо бојати у потресима земље и премештању гора у дубинама мора". И у последњи час, у нестанку свега, у свету који неће моћи да препозна себе, у свету који је изгубио своје лице, непоколебљива ће стајати само наша вера. »Забучале су и узбуркале су се воде њихове, потресле су се горе од силине његове«. Псалам се тихо одвијао, од страха да се остали не пробуде. Беше то један усамљени глас, једно верно и одано срце ово добро чедо, што бди бдење Божје, благостање у длану Божје милости. „Потоци веселе град Божји; свети дом Свевишњега". Помислио је на мајку Хермиону, на ту утвару, бескрајну љубав, бескрајну тугу. И најежио се сав на помисао: која је највећа, најболнија љубав? Да ли је Бог попримио лице мајке Хермионе? Бог може и да казни. Мајка Хермиона те неће казнити ни кад јој нанесеш зло. Спустио је главу међу руке, осетио је да вртлог обузима његове мисли. Бог је без зла, сушта доброта, вечито праштање. Бог је предобар. Опет је помислио на мајку Хермиону: јаукнуло је његово срце при помисли на њу. Човек је толико немоћан, једно узалудно створење. Упркос томе, може да прими толико љубави, оданости, нежности. Бог је свемоћан: може и да опрости, и да се смилује. А та сирота жена, та слама од Хермионе? Како подноси то изобиље бола, свакидашњи, бескрајни јецај? „Бог је усред њега и неће се померити; Бог ће му помоћи од ране зоре". Ах! колико олакшавајући, колико утешан је овај говор! Рецимо да га је написао тужни и грешни цар, не за државу Јевреја, већ за мајку Хермиону. Бог се налази у њој и даје јој снагу да чини добро и да претвара бескрајни бол у бескрајну љубав и бескрајну издржљивост. И рекао је још Јамблих: „Узбучаше народи, уздрмаше се царства; он пусти глас свој, земља се помери. Господ свих сила с нама је, бранилац наш Бог Јаковљев".

Прошло је већ три недеље откако се ту унутра, у пећини, где сунце не допире, налазе седам прогнаних младића. Ако човек не саобраћа са спољним светом, окреће поглед ка унутрашњем. И почиње да истражује сопствени лагум, да опипава и износи на светлост ума колико и узбуркано море у осеци. Тако је и Јамблих, у тој самоћи, осећао како му се у утроби пење силина и жеђ за псалмом, како искаче дух Божји из дубоких увала. И дух Божји беше пун доброте и благости и праштања. Беше то пријатељско присуство, заштитничко и насмејано – превековни Бог. И срце му се испуњавало благостањем. Страшна, ужасно страшна ствар је брига за овоземаљски свет. Да се бориш за хлеб, за љубав, за власт, за надмоћ над осталим људима. На крају, све то нестаје. Узалудно је и пролазно. Не преостаје ништа него туга, овај земаљски бол, бол постојања, врела агонија која струји кроз празан простор као урлик прогнане животиње. Не преостаје ти, дакле, ништа него да оголиш. Да се смањујеш, и непрекидно смањујеш бриге, да прочишћаваш своје срце од узалудних глади, од узалудних жеђи. И да пружаш руке, руке молитве, ка Богу. И да осећаш како ти и Он пружа руке. Сваки човек овога света је један блудни син. И Бог је отац који не кажњава блудног, већ га прима с љубављу.

За Антонина је та самоћа била друкчија. Дубоко у њему још није заспао Квинт Флавије, мали римски племић, авантуриста, зачаран топлином и опијајућим отровом Истока. У њему је била будна мртва Ноеми, род Јевреја, пун тајни. И отац Еуген, сав створен од анђеоске светлости. Антонин је непрестано размишљао о много чему и много тога је подносио. У њему су се љуто биле страсти и пожуде овога света, као незаустављиви љути борци на коњима. Његовом душом господарио је зао дух. И против тог духа се борила племенитост и доброта, и свест о исправном и праведном – што је било задивљујуће. Док се налазио у разговору других, његово узнемирено срце се стишавало. Међутим, чим би ноћ пала, чим би исцрпљен чекањем поново налазио своју самоћу у једној од најмрачнијих стаза пећине, његова размишљања су ишла таквим путем, да се и сам чудио колико тога може да пожели и смисли болесна људска машта. Сотона је, као онда када је одвео Господа на гору и обећавао му сву лепоту и сву радост овога света, узимао Антонина за руку и водио га у необична и очаравајућа места.

– Вреди ли труда, говорио му је тихим и умиљатим гласом, да убијаш своју младост да би задобио несигурну срећу? И како знаш да је срећа тај мир, та самоћа, која не зна за бригу, али не зна ни за уживање? Да Бог није одредио човека за та земаљска добра, могао је да их не створи. Отвори очи, погледај дрвеће пуно плодова, долине пуне цвећа, поља са златним класјем, планинске изворе пречистих вода. Отвори очи, погледај златну светлост сунца, утешну светлост месеца, сјај далеких звезда, овај свемир сличан песми, сличан сјајној светлости славља. Услиши пролећни поветарац који долази да ти шапне на ухо уздисаје љубави, ветар који крај огњишта оживљава старе бајке. Закорачи путевима овога света како би упознао лепоту. Иди и сједини се с женом.

– Са женом? питао се Антонин и сав се најежио.

– И жену је Бог створио. На овом свету не постоји дирљивија лепота која више опија од њене. Створио ју је да блиста од младости. Подарио јој је корак срне, око дивљег голуба. Узео је зрели нар и створио је њена уста. Школку морске обале и створио је њено ухо. Начинио је њена недра округлим и чврстим, тако да се прсти запале при додиру с њима. Тада се и Бог опио. И отворивши њена бедра засејао је међу њима најслађе задовољство. И беспрекорном мудрошћу је исклесао на глатком мермеру њене чврсте и крепке кукове. Схватам те, дрхтиш и при помисли на жену. И поред тога, разболео си се од жудње за њом. Замишљаш како ти руке додирују, милују њено тело. Сањаш је у полусветлости, са свим мирисима Арабије посутим по њој, са уснама полуотвореним од љубавне страсти. Замишљаш тајни час, када жена долази да ти се преда. Како падаш ничице да јој одвежеш лагане сандале, како се дижеш уз њено тело да јој откопчаш појас, фибуле,[1] да пустиш хитон да падне и из њега да се појави чудо,

---

[1] Фибула је копча на одећи која се није шила. *(Прим. прев.)*

са колико жеђи твоја уста додирују њена. Не бој се, нема ничег лошег, ничег нечасног у том чину. Пун је живота и лепоте.

– То је смрт! То је смрт! размишљао је Антонин. То је ужас!

– Не, није ужас! Одговарао му је сотона. Твој ум је помућен, пун непотврђених и у суштини неоснованих учења. Етичари немају други задатак него да, усахли, исушују изворе живота. Сами су огољени и ускраћени. Оно што сакати не могу да осете, желе да натерају и остале да не могу да осете. Створења искривљена и пуна таме, дволична и злурада, сужавају ваздух ове земље. Као зараза су која трује сваку радост. Ништа друго не чине него постављају препреке. Њихово је срце тврђе од неплодног камена. Штите Бога, као да Бог не може да штити сам себе. Посте без уља и вина, а моле Бога да напуни њихове амбаре уљем, житом и вином. Сматрају да су младост и лепота највећи грех на овоме свету. Постају достављачи, и мучитељи, и убице, затварају куће, уништавају имовину људи, сеју тугу и кукњаву где год се нађу. Антонине, чедо моје, услиши глас разборитости. Презри свом својом душом етичаре овога света. Те стојеће мртваце, чије тело одише прљавштином, а дах заудара од хвалисавог поста. Твој Христ је горким речима бичевао фарисеје. Фарисеји нису умрли. Вребају на свакој стази и ако затекну жену да се љуби с мушкарцем, изабраником њеног срца, полуде од светог беса. Антонине, јеси ли икад пољубио жену? Јеси ли осетио њене руке док дрхте у твојим рукама, њено тело како трепери крај твог тела?

Колико је тесан био ваздух у тој пећини! Колико мален, колико тежак је постао свет! Како страшан беше сотона! Са својом вештином да све чини једноставним, из сваке кривице да ствара безазлену радост. „Како страшна самоћа!", размишљао је Антонин. И осећао је проклетим своје бивствовање, што није могао да победи сотону, да не послуша његов глас.

Друкчија је била Константинова самоћа. Он се сећао сјаних рукописа у радионици свог оца Инокентија, а то је била и његова радионица. Сећао се тишине, спокоја уметности. Речи, које су попримале лице, са лепим словима, са сјајним украсима. Алфабет је био у његовој естетичкој свести низ живих присустава. Посматрао је алфу, бету, гаму, као што би посматрао лик, тело, пуно крви, пуно живаца. Свако слово је било човек и предео. Овде је сањао долине, онде реке. И дрвеће и жбуње и изворе са чистим водама. Једна слова су била женска, а друга мушка. Једна сасвим млада, друга отежала од старости. Био је то свет који је час галамио, час певао под његовом лаганом и вештом руком. Слово сигма је писао у облику змије, змије проклете и очаравајуће, која је преварила прву жену. Слово ламбда га је подсећало на путника, који је журио да оконча пут ширећи ноге да стигне на време, како га ноћ не би затекла у пустињи. Слово кси скривало је у себи много туђине. Личило је на искривљено тело, измучено и тужно. Омикрон су била уста која су певала округло, која су широм отворена славила Господа. И остала слова такође. Како их је веома пажљиво цртао, осећао је како се мичу, постају жива, како се с пергамента уздижу у висине. Калиграфи живе с алфабетом, као вајар са глином, као музичар са звуком. И нису ту била само слова, њих двадесет четири, било је и осталих знакова. Била је ту и лепота речи и лепота идеје. Смиривао се дух човека удишући, као из мирисне баште, јеванђеље које је написао вољени ученик Јован. Еклесијаст[1] је био са спокојном тугом пуном искуства света. Јако пиће „песма" над „песмама". А после све остало, богохулно, идолопоклонско, натоварено златом и обасјано плавом

---

[1] Једна од књига *Старог завета*, Приче Соломонове. *(Прим. прев)*

светлошћу, пуно слободе и надахнућа ума и душе. Константин се страшно мучио због оних дивних пагана, које су у његовој радионици стално наручивали поглавари града. Јер Ефес није био само град хришћана и Јевреја, него је био и град пун идола. Девичанска, стасита богиња, која је волела тишину долина и гора, Артемида, покривала га је својом мушком грационозношћу. И Афродита, свенародска, небеска, чинила је да њени дани миришу цвећем, а ноћи слатко да уздишу.

Константин, створен да живи у тренутку речи, није могао а да не осети усхићење древног текста. Његов миљеник је био Платон. Какво искушење! Како да усклади у себи сјајне гозбе са скромним, хришћанским „љубавима"? Страст лепоте са страшћу врлине? Младалачка тела која су блештала на сунцу Олимпије са сувоњавим телима испосника? Пиндара, песника атлетске снаге и здравља, са болешћу и прогоном овога света? И некада се баш овом Константину појављивао сотона шапућући му:

— А ако су ови други у праву? А ако је у праву Бакхилид, Алкај, ако је у праву еротична Сапфа, десета муза?

Боже мој! Каква сумња, каква мука, каква кривица, каква страхота! И како су насмејани кипови богова у овој јонској земљи, ова тела лепог живота, која нису волела ускраћивање и нису је препоручивала људима!

Било је природно што је искушење претварало бескрајне дане, бескрајне ноћи у пакао. Неискусна младост, заробљена, затворена, доживљавала је време као мучитеља. Њихова брига био је Хермионин долазак. И стрепња над Хермионом. Да јој није достављач поставио замку? Да је није убио самовољни убица? Да није пала у руке претору? И када ће се окончати прогон? И ко ће преживети од познаника, суседа и вољених? А Хермиона, верна задатку, верна љубави, долазила је. Била је као анђео Господњи са снежнобелим крилима, који је подизао камен са гробнице. Али, вест о спасењу је каснила. Пролазили су дани, пролазиле су ноћи, само мукама никад краја. Колико може да трпи црни човек? Много су се младићи намучили у тој пећини. Једни су мислили на своје породице, на тугу и радости свакодневног живота, а други су доживљавали смрт несаломивом моћи маште, борећи се са сотоном – непобедивим у оном затвореном ваздуху. И осећали су да се у некој даљини около, у другим пећинама, мучио гоњени народ у страшној самоћи. И људи са људима не могу да опште. Онако како се дешава у обичном животу, како се увек дешава.

После треће недеље, дошла је четврта, испунио се и месец. Једне вечери Хермиона се није вратила. Није дошла ни следеће. Страх је обузео њихова срца. Шта се десило са мајком Хермионом? Болест је уопште не би спречила да изврши свој задатак. И болесна, и исцрпљена до изнемоглости, више пута је ишла до тих планина. Само ако ју је Господ позвао к себи или претор ставио под своју власт, могла би да изостане. Јамблих је осећао да му очи отичу од суза. И остали младићи су жалили за јадном женом, која је била мајка за све њих. Нестало је воде у крчагу. Влажила је негде пећина. Пењали су се до тог места да полижу камен. Ускоро је нестало и хлеба. Рекли су:

– Стигла је смрт. Од жеђи, од глади. Стигла је смрт. Сва седморица су села на земљу прекрштених ногу и почела да поју псалме и све што су могли да се сете. Молили су Господа за миран и безболан крај. Стигла је трећа ноћ, стигла је четврта. Осетили су да им ноге дрхте, да им дрхте руке, да им се очи гасе. Топила се у њиховим очима тишина. На крају Јамблих није издржао, устао је и рекао:

– Поћићу у град Ефес да нађем мајку Хермиону.

— Да је можеш наћи, одговорио му је Дионисије, она би већ била ту.

— Да сазнам за њену судбину.

— Каквим ћеш ногама ићи, каквим ћеш очима видети, каквим ћеш језиком говорити? говорио му је поново Дионисије.

— Скупићу последњу снагу, претворићу се у пламен и скочићу с планине на планину, из долине у долину. Бог ће ме претворити у пламен. Бог ће ми помоћи. Претвориће ме у пламен.

Ништа друго није успео да каже. Пао је. Остали су се довукли до њега. Покушали су да га поврате, да га још мало одрже у оно мало живота што му је остало. Пао је мрак, дубоки мрак, небо без звезда. Дувао је хладан ветар. Јамблих је рекао:

— Стигла је ноћ. Идемо на улаз пећине, да истрошимо и крајњу снагу.

Отишли су на улаз пећине да истроше последњу снагу. Уложили су огроман напор, намучили су се, кости су поломили да покрену камен, оборили су га. Јамблих се довукао, нашао се напољу. Ноћ је била хладна, а свет измучен и болан. Трудио се да се присети тренутка доласка, пре читаве једне вечности, да погоди пут. Ноге га нису држале. Пустио је тело да падне на голу стену рекавши: можда је тако и боље, да умрем у ноћи, под Божјим небом. Остао је на том камену утрнуо, осакаћен, затим је дошао к себи, отворио је капке, подигао очи, један облак је нестао, једна звезда се појавила, био је то Бог који му се појављивао са тих недостижних висина. Веома умиљата је била та звезда, умиљата и утешна, и ноћ се прилично осветлила њеном светлошћу. Облак је отишао даље, оставивши за собом више места. И једна друга звезда је дошла и стала наспрам Јамблиха, а затим и трећа. Затим још једна. Засијала је и заблистала звездана светлост, ветар је престао и остала је само ноћ. Јамблих је устао и кренуо путем који се нашао пред њим, стигао је у шумицу и у близини је чуо жубор воде. А водица бистра и освежавајућа. Пружио је шаку и попио. И поново је пио. Пио је колико је могао да попије, а његова пресахла утроба поново је оживела. Почео је да умива лице, да му се мутан ум рашчисти. И помислио је: како је лепа ова водица што безбрижно жубори крај грмља, како је слатка ова водица, а да је несрећном човеку ускраћена! И помислио је: а шта је јадном човеку потребно до парчета хлеба и шаке воде, и мало мира, како би спокојан корачао међу Божјим створењима? А велики и свемоћни Бог нимало не штеди водицу, послао је кишу и напунио је замаљску утробу, и отворио је, пустивши реке да теку, да постану мора. А велики и свемоћни Бог наложио је земљи да роди златно жито и слатко вино ради уживања људског срца. И ништа друго му не треба. Само да су људи сложни и да добронамерно деле хлеб и с уживањем пију вино. И помислио је: човек човека мучи, човек човеку зло спрема, убија, уништава човека. Ни шакали у гори нису толико грабљиви и толико свирепи. И упитао је: зашто си, вечни оче, усадио толику мржњу, толику жеђ за злом у људско срце? И одговор на то није добио. И узео је штап са земље, као подршку своје немоћи, и кренуо је даље. Негде је чуо лавеж пса. Негде у близини, боравили су пастири, у шуми под изненадном светлошћу звезда. И Јамблих је рекао: то су пастири Јудеје, немам чега да се плашим, шаље их Господ, прићи ћу им отвореног срца.

— Људи, покушао је да викне и застењао је; људи, један човек очекује помоћ од ваше добре воље!

Није стигао ништа друго да каже, пао је међу дрвеће. Када је поново осетио овај свет, дан се по свему расуо својом блиставошћу а Јамблих се налазио у колиби, на пастиревој постељи. Лице дуге браде, благих очију било је нагнуто над њим.

— Странче, рекао му је, једи, попиј.

Принео му је ближе свеж хлеб, чинију са округлим маслинама, чашу вина.

– Хермес водич те штити, рекао му је. Долазиш ли из далека, да ниси болестан? Куда идеш и због чега? Да ниси убица који је побегао из затвора или блудни син и лењивац који се враћа кући покајан? Ко год да си, мој хлеб је твој. Човеку у животу нисам нашкодио, немој ни ти мени.

Био је врло умиљат тај пастир, онако како је причао, а изгледа да је био и радознао.

– Долазиш ли из далека? упитао је поново.

Јамблих је сео на постељу, узео је чашу вина, попио је гутљај, узео је хлеб, велико парче, с тешкоћом га је гутао, застао му је у грлу.

– Гладан си, рекао му је пастир, веома гладан. Немој да журиш, полако, да ти се нешто не деси. Узми маслину, попиј још вина, затим узми мало хлеба. Тако, немој да покушаш да одједном утолиш глад. Твој поглед је безазлен, не бих рекао да си убица. Изгледаш као да те прогоне, у то сам сигуран.

И опет Јамблих није одговорио. Ломио је хлеб залогај по залогај, јео је маслине, једну по једну, пажљиво; и вина је пио, гутљај по гутљај, окрепио се.

– Млад си, нису те, као мене, притисле године, рекао је опет пастир. Дакле, одакле долазиш?

– Одавде, из околних планина, рекао је Јамблих.

– Јеси ли хришћанин? упитао је пастир. Мислиш ли да не знам да хришћани нису оставили ниједну пећину а да је нису загадили? Али, знаш о чему размишљам понекад? А ако су у праву? Да, о томе размишљам. Ако су у праву? Много је богова. И наших и страних. Дакле? Ако је бог хришћана прави бог, истинити бог, зашто да му се замерам? Човек је слабо биће. Зашто би испитивао једно па друго, зашто да мучи своју главу? Јеси ли хришћанин?

Јамблих опет није одговорио.

– Јако си тврдоглав, рекао је пастир. Зар ти није жао твоје младости? Јако си тврдоглав!

Узео је крчаг, сипао је још вина и сам је попио. Обрисао је руком бркове и осетио је задовољство.

– А куда сада идеш, онако, добронамерно питам.
– У град, у Ефес, рекао је Јамблих.
– Ако си хришћанин, рекао му је опет пастир, немој кренути према Ефесу. Прогон је у пуном јеку. Кољу хришћане као телад. Хајде, реци ми, колико вас има? Стално вас уништавају, па никако да вас истребе. Колико вас има? А ми, наивни људи, живели смо међу шљамом и нисмо то осетили? Да ли сте се икад избројали, мрак вас појео, или вас је безброј?

Кренуо је пастир да се љути. Међутим, опет се стишао, јер је био чудан човек, брбљив а у суштини милостив.

– Можеш да останеш овде колико год хоћеш. Моја постеља је твоја. Ако будем морао, склонићу те. Да имам и ја друштво. Тешко ми пада самоћа. Није баш пријатно стално разговарати са псима, с овцама.

– Срце ми је пуно захвалности, одговорио му је Јамблих. Ипак, морам да одем.

– Како хоћеш. Премлад си, а на себе си преузео велики терет. Како хоћеш.

Напунио му је торбу хлебом и маслинама.

– Сир сам продао, рекао му је. Усирићу прекосутра. Иди сад и гледај да се уразумиш.

Испратио га је до неког узвишења. Пружио је руку, показао му је најближи пут.

– Тамо доле је Ефес, рекао му је.

Јамблих је отишао, пошао је једном па другом козјом стазом, стигао је у неку долину, кренуо је узбрдицом, изашао је кроз неку стазу у град. Молио се да успе, уз велику опрезност, да стигне кући да нађе мајку Хермиону. И да Бог осталима да снаге, да га сачекају, да не издахну, пре него што се опет нађе с њима. Стигао је у кућу, у Ефесу, а не у ону другу срећну кућу на стеновитом месту, затекао је врата полуотвореним, прешао је атријум, почео је да кружи око познатих места. Обузела га је самоћа, осећај напуштености, туга. Срце му се цепало док је гледао све подерано, истрошено, поломљено, поцепано, срушено. Срце му се цепало што није добијао одговор на позив, што није осећао присуство човека. Кружио је као радознали странац по замрлом месту. Тако му се чинило: као да је странац који никад ту није ни тренутка проживео. Корачао је избезумљено на истом месту, не размишљајући ни о чему, поражен неизмерном самоћом. Није више знао шта да ради. Кућа му је постала непријатељска. Да оде код суседа, код било ког суседа, плашио се. То више није био Ефес, то више није био његов крај, то више није била његова кућа. То је био један мртав свет, изгубљен у прошлости. Прешао је опет с великом опрезношћу полуотворена врата, затворио их је за собом, изашао је на улицу. Било је прошло подне. Сетио се њих шесторице који су остали у пећини чекајући. Одлучио је да закуца на врата добронамерног суседа, Марковог пријатеља. Звао се Артемидор. Био је мештанин, прастарог рода, образован на Роду и у Атини, граматичар. Закуцао је на врата, отворили су му. Била је то кћерка Гликера, која је занемела када га је угледала, и то у тако ужасном стању.

– Отац је, рекла му је, болестан. Идемо до његове постеље.

– О богови! рекао је Артемидор.

Стао је да га гледа и дуго је ћутао. Затим, крену је разговор који је био раније започет:

– Усмрдела се, рекао му је. Смрад је привукао суседе. И ја ћу се ускоро усмрдети. Усмрдео се цео свет.

Јамблих више није могао ни да оплаче мајку – толики је био бол, толики очај који је обузео његово срце. Гликера га је руком помиловала по образу. Артемидор је опет рекао:

– Умрла је ради тебе. Издржала је колико год је могла. Више није могла. Умрла је ради тебе, ради свих вас. И ја ћу умрети. Долази тренутак када је нужно да човек умре. Стварно, зашто је нужно, Јамблише? Зашто је нужно? Филесија, моја жена, и Гликера криле су то дуго од мене. Недељама се налазим у постељи. Изгубио сам много крви из плућа, много. „Није то ништа, рекао је лекар. Сада кад си испустио крв, биће ти лакше". „Зашто ће ми бити лакше?" упитао сам га. „Ако је крв човеку тешка, треба да је испусти. Да, рекао ми је, има две врсте крви, корисна и штетна. Ако је штетне више, скалпелом отварамо људско тело како би зараза изашла. Ти си имао вишка те штетне крви и срећан си што је сама од себе изашла". „Добро је", рекох му. Док једног дана нисам чуо тајни разговор иза ових врата. И показао је прстом на врата. Добро, Јамблише, дете моје, не размишљај сада о Хермиони. Право је било, и корисно да умре, једино што се усмрдела у постељи. И била је сама, потпуно сама и несрећна. Дакле, Филесија и Гликера, њих две алапаче, разговарале су. И чујем Филесију како каже Гликери, тако ти Аполона, чујем како каже: „Човек ће умрети, а ти мислиш на кућу?" То је једна кућица у близини Хестијиног храма, на споредном путељку, и било је потребно да се прода да бисмо изашли на крај с болешћу. Филесија ју је наследила од своје мајке и било јој је жао да је прода. Чуо сам то, устао сам, отворио сам врата, викнуо сам им: „Ко ће умрети? Хоћу ли ја умрети и кријете то од мене? Да ли је лекар рекао да ми је дошао крај, да ћу умрети? И ко вам је рекао да ја желим да умрем? И зашто да умрем?".

Артемидор је опет бризнуо у плач док је то говорио. Подигао се, сео је на кревет, застењао у очају.

— Јамблише, сине мој, обе су рекле да ћу умрети. Послао сам по лекара. Оповргнуо ми је. Нећу, Јамблише сине, да умрем. Схваташ ли то, зашто да умрем, зашто да се усмрдим као Хермиона? На крају крајева та тврдоглавица је прихватила хришћанство а хришћани умиру на сваки начин у нашем проклетом времену.

Гликера је покушавала да га смири. Дошла је и Филесија на чијем се лицу оцртавала туга.

– Само нам је једна реч промакла, рекла је. Богови су господари живота и смрти. Судбина није у нашим рукама.

– Та реч била је истинита, застењао је Артемидор. Била је то пресуда. И сада дрхтим очекујући сваки час да смрт дође, да смрт вреба, а не знам како ћу умрети. Друго је кад гледаш друге како умиру а друго да сам умиреш. Ја сам човек који је много читао. Ја сам од оних који знају да је иза смрти ништа. То ништа ме излуђује. Нећу да будем ништа, нећу да постанем ништа. А говоре ти да мораш да постанеш ништа.

Уста су му се напунила крвљу. Закашљао се, донели су му лавор, испљунуо је много крви, замутиле су му се очи. И све време је мрмљао:

– Нећу да постанем ништа.

Јамблих је прешао у суседну собу. Позвао је Гликеру. Сада ни о чему другом није размишљао него само о шесторици која су га чекала.

– Треба ми још хлеба и један крчаг за воду, рекао је Гликери. Чим падне ноћ, поћи ћу. Можда ћу опет доћи.

– Немој долазити! Одговорила му је Гликера. Отац умире, ми смо две несрећне жене. Ако те овде нађу, сви ћемо настрадати. Не, и ради себе и ради нас не треба да се враћаш.

Сачекао је да падне ноћ. Ставио је торбу на раме, узео је једном руком празан крчаг, другом штап и пошао је ка пустињи, ка пећини, водећи рачуна да прође поред пастирове колибе. Ноћ је опет била тамна. Поново је дувао хладан ветар. Ако би зачуо ход, сакривао се иза зида куће или стуба храма. С путељка на путељак, стигао је до козије стазе. Наишао је на текућу воду, напунио је крчаг. Око поноћи је стигао испред улаза пећине. Био је страшно измучен и срце му је било у страху због оног што ће угледати. Бол за мајком Хермионом, Артемидорова жалопојка, ишчезли су. Остала је само стрепња због судбине другова у овој крајњој несрећи. Оставио је торбу и крчаг напољу, увукао се унутра. Ослушкивао је. Чуо је тихо дисање, неко је спавао. Увукао се још дубље, подигао се. Тама је била густа. Повикао је:

– Мајка Хермиона је мртва!

То му је прво пало на памет да викне. Из дубине, из далека, добио је први одговор. Препознао је Константинов глас.

– Да ли се још држите? упитао их је.

Чуо је други глас, други одговор. Препознао га је. Био је то Мартинијан. Осетио је олакшање, бризнуо је у плач. Испружио је руку кроз отвор пећине, узео је крчаг, торбу. Крчаг је кружио од уста до уста, отворио је торбу, извадио је хлеб, поделио га је као Христ апостолима. Поделио је и маслине, од руке до руке. Изгладнели и жедни стали су да се мрдају, да устају. Осетили су поново откуцаје у жилама, засталу крв како опет тече. Како је лепа вода, како је леп хлеб! Благослов Господњи и милост. Јамблих је почео да прича све што му се десило – причу о пастиру, Хермиониној смрти и несрећи јадног Артемидора. У тој причи и у питањима осталих прошла је ноћ. Кроз отвор пећине угледали су зору, сва седморица, славећи свемоћног и милостивог Бога.

У торби је било још хлеба. Међутим, вода је била при крају. Тако су били жедни да су претходне ноћи попили толико да није остало више од једне осредње шаке. Јамблих је решио да поново пође, да крене код пастира. Чекао је да падне ноћ, знао је пут, а тело, ојачало, није му било тешко. Чинило му се као да је хиљаду пута прошао кроз тај крај. Био је то његов крај, његова земља. Затекао је пастира изван колибе, крај велике ватре. И опет је био сам. Чим га је угледао само што није праснуо у смех.

– Одакле си се овде створио? упитао га је. Променило ти се лице. Видиш шта чини храна, сине? Јуче те ноге нису држале. Данас трчиш из долине у долину као срндаћ.

Јамблих је пришао ватри. Са собом је носио празну торбу, празан крчаг.

– Зашто си их донео празне? упитао га је пастир. Не мислиш, ваљда, да оно што је било јуче може да се понавља сваког дана? И ја сам сиромашан човек.

Јамблих је извадио из недара кесу с новцем. Унутра је било неколико златника, које му је мајка Хермиона дала, кад га је први пут затварала у пећину. Зазвецкали су златници на пастирево ухо.

– Могу да платим, рекао је мирно.

– Ако можеш да платиш, ствар се мења, одговорио је пастир.

Овце су се одмарале у близини. Пас је био непомичан на камену, начуљених ушију, њушкајући ваздух уздигнуте њушке.

– Дакле, јеси ли хришћанин или не?

– Да, ја сам хришћанин.

– И хоћеш да ти ја дајем храну, а ти да ми дајеш царске златнике, иако си непријатељ цара. И да једног дана дођу прогонитељи, да ме ухвате и да ми кажу: како си ти, верни слуга Рима, хранио овог отпадника? И шта ћу онда да кажем? Да ме ухапсе прогонитељи и да ме окованог приведу претору. И шта да кажем претору? Да си ми био симпатичан јер си био добар момак? Има ли слуха преторово ухо за такве ствари? Има ли? Зато, иди својим путем. Крчаг можеш и сам да напуниш, осим ако не тражиш вина. Радо ћу ти ставити у торбу сав хлеб који ми је преостао и све остало што се нађе у мојој колиби. Али твој новац ми не треба. Хајде сада, седи да размениmo коју реч, поново сам сâм вечерас. Пастири не причају много међусобно. Свако се налази у свом стаду. Ако се деси да заједно изведу стада на пашу, кратко се друже, и после се опет разилазе. То је живот пастира. Уосталом и легионари су ту. Излазе, упадају у стада, пљачкају и не плаћају. То су људи власти. И ако се усудиш да кажеш да није у реду, господо, да нам пљачкате стада, зар нам нису довољни сви порези, него да нам и ви силом намећете порез, грабе те и воде везаног у ланце претору. Ево још једног хришћанина, кажу му, који је пружио отпор римској власти. И онда ти нема спаса. Дођи, да попијемо чашу вина!

Донео је две добро израђене чаше, једино његово богатство, напунио их је вином, попио је с уживањем. Попио је мало и Јамблих.

– Могу ли поново да дођем? упитао га је.

– Шта да ти кажем? Срце ми каже да можеш. Разум ми говори да не можеш. Размисли и одлучи.

Јамблих је ставио на земљу један велики сребрњак да га пастир види и узме. Пастир је попио још вина, затим је рекао:

– Нека буде! Узећу га само овај пут!

И узео је новац. И тако, све оно што је Хермиона радила до последњег трнутка, сада је радио младић Јамблих. Сваки други дан. И кеса с новцем се празнила. Осетили су то и остали пастири около и сви су доносили хлеба и сира и бокале пуне вина у жељи да се и они домогну новца. Константин је тешио Јамблиха. Новца им није недостајало. Сви су имали понешто, неко мање неко више. И колико може да потраје тај прогон? И Константин је решио да пође заједно с Јамблихом. Да удахне свеж ваздух, да види небеске звезде. Страх и трепет обузели су пастира чим их је угледао.

– Ако почну мрави да излазе из земље, тешко нама, рекао је. Да ли вас је много, колико вас има?

– Није нас много, одговорио је Константин. Бог који нас чува чуваће и тебе.

— Ваш Бог чува само вас, своје, одговорио му је пастир. Зашто би чувао мене? Ја сам из другог стада, рекао је и осмехнуо се.

Заиста, веома је забаван био тај човек! Олако је све примао и знао је да збија шалу чак и са својим страхом. Међутим, остали пастири нису били истог мишљења. Ма колико да су волели новац, та тешка размена није им била по вољи.

— Не постоји тајна која се једног дана неће открити!

Тако су говорили пастири, и, искрено речено, били су у праву. Почели су да се склањају свако у своју колибу и да не услишавају Јамблихове молбе. Сталним упозорењима успели су да уплаше и првог пастира. Чуле су се и страже, ту у близини. Власт је нањушила да се несрећници скривају по пећинама. Узнемирена, почела је да тражи по долинама и брежуљцима, да шаље извиднике у удаљене крајеве. Што је седам младића успело да сакупи од воде или хране, сакупило је. Набавили су неколико крчага и одредили колико свако може да попије док не дођу бољи дани, док не прођу зла времена. Затворили су улаз пећине тако да се ништа не види и не чује. И остали су ту, у светој будности, предани својој невољи. И дошао је час кад је свега нестало, и воде и хране. Тада је Константин рекао:

— Не преостаје друго нам него да замолимо Господа да нас узме к себи. Наша душа је поспана, наше тело исцрпљено, наш дух је клонуо. Помолимо се Богу да нас узме к себи.

— Помолимо се Богу, рекли су и остали младићи.

Пали су ничице у пећини, благосиљајући Господа Бога, који је заштитио њихову досадашњу немоћ и затражили су спокој.

10.
ИНТЕРМЕЦО СНА

Сетићемо се Ендимиона. Био је то леп младић, пун живота, најскладнији и најљупкији међу младићима ове земље. Није био син смртника, већ је изгледао као да је саздан божанском супстанцом. У његовим очима је блистало јутарње сунце, на његовим образима су цветале пролећне руже, лепршава коса имала је боју зреле пшенице, а на његовим црвеним уснама лебдео је осмех бесмртника. Помислио би да то није тело човека. То је љупкост из неког другог света.

Једном га је угледао Зевс. Било је то једног златног дана, пуног старе Хеладе. Ендимион се налазио на зеленој ливади, међу стадом које се одмарало. Имао је у рукама фрулу и, с времена на време, приносио је до црвених усана и свирао. Тада би време стало. Сава природа би се скупљала и слушала божанску песму. У таквом часу га је угледао Зевс. Како је леп свет који сам створио! рекао је. И обрисао је своје влажне усне горњом страном руке. Сноп светлости је пролетео кроз његове очи. Стао је да гледа Ендимиона. Тада је младић на свом нагом телу осетио поглед великог бога и први пут се застидео своје нагости. Помислио је да је предодређено да му се живот промени. У себи је осетио велики страх. Зевс је отишао, попео се на Олимп, затворио се у свом двору, одао се дубоком размишљању. Како је леп свет који сам створио! Рекао је поново. И послао је облак да обавије Ендимиона и да га доведе горе.

— Пристаје ти бесмртност, рекао му је. Бесмртност пристаје само лепоти!

Тако је Ендимион остао на Олимпу да живи безбрижним животом бесмртника. И то до дана када је случајно срео Херу. Видео је племенитост расуту по њеном љупком лицу. Њен владарски стас оставио је на њега диван утисак. Седела је на златном трону са пауном поред себе. Паун је стајао раширених пера – плаво, зелено засијали су у Ендимионовим очима. Необуздана страст родила се у њему. Да се сједини са Хером, са божанском женом. Али је Зевс вребао. И осетио је незакониту страст. Оборио је обрве. Накострешила му се коса, узео је гром у руке, затресао се Олимп и рекао је: „Уништићу овог младића према коме је моја величина била веома дарежљива. А он је наумио да ми нанесе такво зло". Тада се земља из темеља потресла, копна и мора чекала су излив божје срџбе. Благонаклони Зевс се претворио у Зевса громовника. Међутим, убрзо се велики бог смирио. Позвао је к себи Ендимиона.

— Бедниче и незахвалниче, рекао му је, спремам ти казну коју заслужујеш. Незасити Хад, чека те.

Ендимион је ћутао. Био је тако леп да је бесни Зевс чак заборавио на своју срџбу и стао да му се диви. Ендимион му је пао на ноге, обухватио му је рукама колена, помиловао му је браду, покушавајући да га насмеши на сваки начин. Зевс није дуго задржао свој бес, већ је пружио руку, подигао Ендимиона испред себе и рекао:

— Прогнан са Олимпа, имаш право да одабереш своју судбину.

— Да сачувам младост нетакнуту! одговорио је Ендимион. Дај ми дар вечног сна. Да спавам, а да време не може да ми нашкоди.

— Иди у Карију, рекао му је Зевс, у пећину Латма[1] и тамо заспи. Твоја младост ће остати нетакнута.

---

[1] Латмос је планина у Карији. *(Прим. прев.)*

Отишао је Ендимион у Карију, у пећину Латма, легао је и заспао. Био је толико леп и дражестан у сну да једне ноћи Селена није могла да одоли таквој лепоти, и ушуњала се у пећину. Пала је на њега обасипајући га страственим пољупцима. Од тада не би прошла ноћ, а да Селена не легне поред Ендимиона, загрли божанско тело, и обаспе га пољупцима. Тако је Ендимион постао Селенин љубавник. А једна прича, која је можда и тачна, каже да се из те љубави родило, ни мање ни више, него педесет кћери. А Ендимион још увек спава лаганим сном расутим под блаженим капцим, који су блистали као локвањи под Селенином светлошћу. Пролазила су времена и поколења људи, а Ендимион није могао да се пробуди, јер је тако наредио велики Зевс. Била је то непомична лепота, лепота нетакнута и неокаљана протоком времена, неистрошена, незалазећа и неувела. Читава природа је заволела Ендимиона. Звезде, чим би се среле на плавим небеским ливадама, питале су једна другу да ли Ендимион још спава. Чиниле су све што су могле да допру до пећине Латма, да се диве бесмртној лепоти. Али, Селена је вребала. Залуђена, ван себе, опијена од незадрживе љубави, распуштала је сребрне косе, покривала божанско тело и осећала како лагано дише у њеним мирисним недрима. Све ноћи су постале љубавне. И није то више била светлост, већ Селенина страст која се расула по свету. Од тога су се жене узбуђивале, губиле памет. И са неописивом страшћу тражиле су себи достојног мушкарца.

Олимп је већ заборавио на Ендимиона. Али и тамо горе, крилом вечерњег ветра допирали су повремено уздисаји – и падала је Хера у тешко размишљање, а Зевс је уздисао, јер је осећао да су грчке обале и острва предати љубавној страсти.

Толико је леп био Ендимион. И прича о њему је лепа. Говори о љубави и о сну. О сну који одмара, који спасава, који обнавља. Благословени да су богови, благословен да је Бог, што је уз остала створења овога света створио и сан, што је одвојио дан од ноћи и одредио починак као судбину ноћи. Што је отворио небеса и испунио их звездама! Што је узео земљорадника и ставио га да легне на сламу, опусти му зглобове, послао му слатко разрешење његових мука! Што је наредио човеку да се сједињује са женом, како би се множила људска поколења! Што је бацио сан у море тишине! Што је сан учинио братом смрти. Благословени да су богови, благословен да је Бог, што је уз остало на овом свету створио и сан!

11.
САН, БРАТ СМРТИ

Исцрпљеност у пећини је простала неиздржива. Колико још да се чека? Један дан доноси други и сви су исти. Ако обратиш пажњу, можеш понекад да чујеш фијук ветра, ударац воде о камен. Ништа друго не можеш чути. Упркос томе, под истим небом постоји гомила градова који живе безбрижним животом. Људи се рађају, умиру. Сјајне бакље осветљавају гозбе весељака. Бродови плове по морима. Путници-намерници ору путеве. Крв кружи кроз живахне вене, куца у нестрпљивом срцу. Сунце обасјава златне њиве, спушта се низ зелене падине, клизи као змија по долинама, преврће се по горама, буди птице да би појале јутрење. Затим, постаје као пурпурна ружа и одлази на починак иза далеке планине. А овде је све толико тешко, толико немо! Судбина је постала камен и зазидала живот. Свет се непрестано сужава. Не можеш да дишеш, не успеваш ни о најмањој ситници да размислиш. Једва скупиш снагу да покренеш усне, да упутиш реч суседу. Бриге нестају, једна по једна. Крчаг с водом је празан, сви крчази су празни. Празна је и торба. Све наде у спасење спојиле су се у једну, у ишчекивање смрти. Коначно, и то је спас. Господе и Боже мој! Пошаљи сан као помоћ и заштиту овим несрећним људима, који ни у шта више не верују него само у Тебе! А ако Ти не одговара сан, нареди његовој сестри, смрти да дође по њих. Није само тело исцрпљено. И душа им је измучена. Душа је поспана.

Велика је поспаност. Голема је туга овога света. Јамблих креће нешто да каже, не чује се. С друге стране чује се Константин:

— Господ нам шаље свог анђела, шаље нам сан. Светлост златна и плава пада на моје очи.

Дионисије му одговара:

— Светлост златна и плава пада и на моје очи. Господ пружа руку, братске прсте, да заклопи моје очне капке.

Чује се и Антонин који је утонуо у дубоки сан:

— Отац измучен, убијен, отац Еуген је поред мене. Његово тело је покривено хиљадама извора из којих капље крв. Отац се сав претворио у грм који крвари. Нага, потпуно нага и пурпурна авет. Покушава да ми се насмеје кроз непостојеће усне. Испразниле се му се очи, постале су црвене рупе. Лобања му је празна. Како га се бојим, Господе Боже, како се бојим оца Еугена!

Затим се поново све стишава. Остаје само дисање меко, нежно. Дисање које се стално смањује. До тренутка када се више ништа не чује. Господ је услишио молитву ефешких младића. Господ је пристао да пошаље младићима сан. Наредио је сну да их покрије лаганим велом као малишане у мајчином загрљају. Био је то сан без мора, без сновиђења. Бескрајан. Сан ослободилац. Тако се све угасило: Рим, Декије, претор, прогон. Божји спокој се расуо по лицима младића. Сан, као доброћудни мајстор, узео је безвредну глину, људско тело, и претворио га у кип. Својим лаганим прстима заоблио је углове које је створила глад, ублажио је и угасио бразде које су урезале брига и туга, одстранио је са коже страдање, обликовао гола рамена, гола колена, накапао је своју свежину на уморну косу. Начинио је божанска чела безбрижним. Дошао је и стао на невидљиву границу, између живота и смрти. И није допустио смрти да изврши своје дело. Ништа на тим телима није било мртво, ништа није било истрошено. Није постојала хладна и одбојна маска смрти. Најслађе међу њима заспао је Јамблих. Помислио би да се вратио у оно лепо време, у ону господску кућу на стени, наспрам блаженог мора јонске земље, између оца Марка и мајке Хермионе. Помислио би да нигде није срео Агатија. И да није постао Христов војник, заклет на понизност, немаштину, мучење тела. Једном руком испруженом на глатком камену пећине, другом уз тело, полуотворених усана, плавих праменова расутих по светлом челу, изгледао је као створен руком љубави. Можда је био и Ендимион, Селенин идеални љубавник. Крај њега, спавао је Максимилијан. И крај Максимилијана Мартинијан, брат близанац. Синови носача из Смирне, који су одрасли у суровом животу бедног домаћинства, унутрашњим трудом временом су постигли потресну узвишеност. Слично су заспали и остали. Константин, Антонин, Дионисије, Ексакустодијан. Дух Господњи испунио је пећину. Претворио ју је у осветљену ливаду. Још мало па би и стена процветала, отворила недра и пустила воду да потече, као онда у пустињи, за време жеђи Јевреја, као касније, за време Претече. Дух Господњи избрисао је време. Дани и ноћи постали су једно. Седмице, месеци, године, векови, све. Без почетка и краја било је време у тој пећини. И младићи су били ту, предани савршеном сну, нетакнути и читави. Свет око њих настављао свој ток. Људи су се рађали, људи су умирали. Нестајали су градови, градови су цветали на местима, где је само тишина боравила. А седам уснулих младића да се не помера, не осећа да се налази у мору времена као на пустом острву.

Антиген се вратио у Рим. Пошто је организовао прогон у Еолиди, у Јонији и у Карији, морао је да смисли друге ствари. Затекао је Декија у великом неспокоју. Готи су већ прешли Дунав, преплавили су поља. Били су то људи рата, људи од челика, тврдог срца. Царство се налазило у опасности.

— Антигене, рекао му је Декије, није био час да се окомимо на хришћане. Ваздух се испунио гаром од спаљеног меса, ноздрве царства тешко дишу.

— Било је то нужно, одговорио је Антиген. Зараза је захтевала ужарено гвожђе да би прошла. Не бој се побуне. Проћи ће. Претори свуда држе узде у својим рукама. Зграбили су власт и држе је под својом вољом, а то је и наша воља. Власт је женског рода. С времена на време воли ласкање. Али, више тражи мушкарца и схвата га.

— Антигене, верни пријатељу, рекао је поново Декије, то заражено месо које нам је вишак, могли бисмо да бацимо Готима. Када је власт у опасности, рат је добродошао. Готе нико није позвао. Сами су дошли. Могли бисмо да кажемо царству, како су мир и безбедност у опасности. Царство би у то поверовало. Окупили би се око нас и хришћани и пагани. Сада смо подељени на двоје.

— Не, одговорио му је Антиген, нисмо подељени. Заражено тело ће се ускоро опоравити потпуно, већ се опоравило. И устаће да побије Готе. Рим је читав свет. Наше границе полазе од обала Еуфрата и стижу до Кавказа. Обухватају Средње море, које држе снажна утврђења, са народима потчињеним нашој вољи. Пењу се до северних мора. Људи сваке врсте, безброј људи, са стрепњом очекују да осете дисање Рима, како би и они дисали. Готи су гладни. Напустили су своја боравишта и силазе ради пљачке.

— Ја се плашим гладних, рекао је Декије.

— Поћи ћемо на Дунав, рекао је Антиген. Готи ће скупо платити своју смелост.

Декије је стао поред прозора да осмотри Рим. Као некада, као увек. Срце му је било веома тужно. Размишљао је о Дунаву, о великим водама, о слободним пољима. Тамо далеко, можда вреба смрт. Најежио се док му је кроз главу пролазила хладна брига о смрти. Гледао је поново Рим, реку Тибар. Колико је људи он сам убио? Колико хиљада уста га је проклело, пре него што су потпуно ућутала? И он се бојао смрти. Био је једно уплашено створење, једна звер достојна жаљења. Господар живота и смрти, а плашио се смрти. Колико је у овом часу жудео за једном кућицом у пустињи! За баштицом поред воде, коју би копао и заливао, земљорадник који би радио од пријатне зоре до тихе вечери, који би гајио домаће животиње, чопор деце и да око себе осећа децу деце, да спушта главу на колена вољене жене. Да чује зебу у шуми, крекетање жабе у потоку. Да је ослобођен богатства и ослобођен брига. А сада је морао да иде у сусрет Готима. Један човек несрећан и немоћан, морао је да сачува славу великих цезара неокаљану!

Провео је опет ужасну ноћ. Зора га је затекла са увенулим очима. Антиген је опет припремио пергамент. Антиген је био непоколебљив. Али, и Декије није више могао да буде неодлучан. Гласници из Далмације, из Паноније, из Мезије, горње и доње Мезије, сакупили су се у дворанама цезарове палате доносећи вести о ужасу, који је завладао у срцима поданика. Којим правцем ће Готи кренути, није се знало. Претори су тражили цара. Сваки од њих га је желео у својој области. Декије је поново окупио своје легионаре. Оставио је Антигена да управља Римом. Повео је са собом проверене војсковође, Гала, Емилијана, Валеријана, и друге. Пратиле су га гласине о његовом убиству. На путу га је дочекивала крв која је проливена његовом наредбом. Крв се испаравала и пенила. Насрнуо је очајнички на Готе. Да победи или да умре. Већ две године је био цар, било је доста. Извршио је свој дуг, убијао је и убијао, време је да и он буде убијен. Гледао је око себе своје војсковође како вребају, спремају његову пропаст. Свако се трудио да задобије наклоност војске. Наслућивао је да се Галба приближава. Као онда, за време Нерона. На свакој раскрсници, појављивао се по неки Галба. Иза сваког листа, који се мицао, крио се по један Галба. Сагињао се над извором да угаси жеђ и у текућој води, уместо свог лица, видео је страшну маску Галбиног лица. Његове ноћи су биле пуне кошмара. Свуда је осећао заседу, смрт. Коначно, упао је у заседу. Било је то у некој мочвари, где су га срели војсковође-противници и убиле га, њега и Етруска, његовог сина. Затим су ратовали међу собом, пошто су са Готима склопили мир. Емилијан, један од њих, успео је да преузме власт. Наредио је да убију његовог претходника. На ред је дошао и Валеријан, који је заповедао војском на Дунаву. Нова битка. Војска у Италији је била на страни Емилијана. Римске провинције ратовале су једна против друге. Победио је Дунав. И Емилијан је скончао заклан. Валеријан је остао седам година на римском престолу. Двеста шездесете пошао је на Исток, да ратује против Персијанаца. Заробили су га. Умро је као заробљеник.

А хришћани су непрестано били прогањани као бесни пси од бесних паса. Девет година је прошло од како је Декије погубљен, а велико зло није јењавало. Инат власти и издржљивост верника изазивали су чуђење. А младићи су спавали. Време је заборавило на њих у пећини. Време их је мимоилазило нетакнуте. Препуштало их је њиховој лепоти; кипови, као што их је сан обликовао. Времена су се мењала, болесни Рим се трудио да стане на своје ноге; и стално је падао и поново покушавао да се накратко дигне. То је био наук насиља. Његова моћ је нестајала, заробљена у лагуму мржње, коју је око себе сејао. Валеријан није могао сам да изађе на крај с тим. Поделио је царство на два: сам је остао да управља Западом. Послао је свог сина Галијена са царском влашћу на узбуркани Исток. И сам је дошао на Исток да се бори против Персијанаца. Његову судбину смо већ испричали. Тада је Галијен напустио Исток и прешао на Запад. Царство је осетило да узде држе слабе руке. Галија и Британија су за свог цара поставиле Постума. Сирија, Египат и Мала Азија су такође изабрале свог цара, Макријана. А прогон се настављао. У тим околнистима, Галијен је донео велику одлуку: наредио је да мотре на хришћане, али да их не убијају. Власт се показала милосрдном јер друкчије није могла. У међувремену, умро је цар Истока, Макријан. На престо су дошли његови синови. Галијен је намерио да их уништи. Наговорио је Одената, владара Палмире, да зарати против њих. Оденат је победио и убио оба његова сина. После је Галијен покушао да врати царству старе границе. Послао је војску у Египат, у Визант, на Хем,[1] који је био под влашћу несавладивих Гота, подигао је утврђења у Италији, да заустави пропадање. Али у међувремену, најверније његове војсковође, болесни од погубног частољубља, сачекали су га у заседи. Напослетку су га убили и за цара прогласили Клаудија из Далмације. И Клаудије није дуго живео. После њега, власт је преузео његов брат Кинтил. Будући да је био болестан, није стигао да покаже да постоји у историји Рима и сам се убио. Војска која је ратовала на Дунаву искористила је прилику и изабрала за цара Аурелијана. И све се то догодило у периоду од двадесет година, од двеста педесет прве до двеста седамдесете године од спасења. Ефес је много пропатио. Међутим, доживео је и час спокоја. Зауставила се крв, вапај. Они који су се спасли, вратили су се из далеких пустиња, из пећина. Благосиљали су Господа што је их је заштитио својом руком. А младићи су и даље спавали. Као кипови, дела сна. Пећина је остала у својој самоћи. Дивљи камен непроходан, како да га се путник сети! Подивљало је растиње около, ноћу су шакали лутали урличући, сове су бделе широм отворених очију. А изнад високе стене стајао је Божји анђео, са великим плавим крилима, размишљајући о људској патњи.

---

[1] Планина Балкан. *(Прим. прев.)*

Тако усамљена у времену, и ова и она друга, већа прича, прича свеколиког света, постаје бајка. Од оних бајки, које су пуне краљева. И баш зато што су пуне краљева, пуне су и ратова. Човек уништава човека. Понекад се деси да људи буду и добронамерни. Али да власт није добромерна. Шта, дакле, да се ради? Човек ће човека уништити! Аурелијан се сукобио са палмирским краљевима, са оном црном лепотицом Зеновијом и њеним сином Атенодором. Палмира је пала под римску власт, а Зеновија је доведена у Рим као робиња. Док је пролазила, гомила је урлала задивљена њеном лепотом. Аурелијан је наставио своје ратове, решио је да потпуно уништи Персијанце који су већ постали несносни. Пошавши поново на Исток, зауставио се у Византу. Био је цар љубитељ реда и дисциплине. Али до које границе може да досегне дисциплина? Убили су га његови војници пошто се тако строго понашао. Било је то време када су легије биле пуне себе. Стално у ратовима, проливале су своју крв по Истоку и Западу, и где год је требало како би одржале у животу Рим који је застранио од умора. То је била велика ствар. И било је природно да воле тај Рим, који су осећали, не као своју отаџбину, већ као своју њиву, којом управљају како време захтева. Тако је војсковођа, који је био добар према њима, преузимао власт за онолико колико је са њима био добар. Кад би покушао да им притегне узде, јер како би иначе владао, заклали би га. Типичан је Пробов случај који је после Аурелијана био шест година на престолу Рима. Чим се мало отргао, заклали су га легионари у Панонији. Један је убијао другог, то је закон силе. После Проба дошао је Кар. Отровали су га. Кара су наследила његова два сина, Нумеријан и Карин. Карин није ни стигао да преузме власт, убили су га. Нумеријан је владао две године. Неки војсковођа Диоклецијан, уклонио га је и постао цар. То је велики Диоклецијан. Сви велики много убијају. Диоклецијан је створио много чувених дела. Није овде место да се о томе говори. Покренуо је и он један велики прогон против хришћана. Прича се да је много размишљао да ли да их прогони или не. Међутим, догодио се пожар у Никомедији, чувеном граду, као онда у Риму, за време оне звери, Нерона, и противници су рекли да су пожар подметнули хришћани. Велики јаук и вапај се дигао широм царства. Покољ и туга су били таквих размера да су се и сами претори уморили, не могавши више да кољу. Чак се и сам Диоклецијан до те мере уморио од свега тога, да је напустио власт и отишао у Сплит, у своју палату, бавећи се баштованством како би прекратио време. Тада је Диоклецијан постао философ.

Царство је почело да добија ново лице. Хришћани су се много намножили. И шта да се ради с њима, да их све побијеш, било је немогуће. Сваког дана било их је све више и више. Требало је наћи начин и помирити се с њима. Тај начин пронашао је Константин који је дозволио да се свако понаша по својој вољи и савести, верујући слободно у свога бога. Време прогона је било окончано. Остало је само сећање на мученике, на реку замрзнуте крви. Мала Азија, у којој су били најбројнији и најватренији хришћани, одахнула је. Градови су поново процветали. Константин је, пре своје смрти, постао хришћанин. Била је то велика победа. Један цар, хришћанин!

Стигли смо у триста тридесет седму годину од спасења. Седам младића је још увек спавало, тамо у Ефесу, у пећини. И изгледали су као да су претходног дана заспали. Ништа нису осећали од света који се мењао, од света који је добијао нови облик. Оде Константин, одоше и његови синови, дошао је Јулијан. Јулијан је био романтичар. Студирао је у Атини философију, волео је Платона, Плотина, било му је наопако да су древни богови мртви. Таква лепота да постане таква пустиња, таква туга! Одлучио је да васкрсне древне богове. Послао је у Делфе гласнике са богатим даровима у покушају да поврате у живот велико пророчиште. Није успео. Наредио је да се хришћанима забрани да уче античку философију, поезију. Није ништа постигао. Увео је у двор пагане, опијене духом класичне хармоније. И поново није ништа урадио. Христ је стајао непоколебљив на свакој раскрсници, на сваком камену. Усправан, очију упртих у небо, са рукама увис, у ставу молитве. Персијанци су преузели на себе одговорност да убију и Јулијана. Владао је само две године. То је било све. Број пагана се непрестано смањивао. Нова поколења су учила да је Олимп једна ненасељена планина. Само су земљорадници и философи остали верни старој вери. Земљорадници због нехаја, као људи земље, везани за тле које су орали. Философи због жеђи за слободом, решени да не служе догми. Хришћани су у себи осећали такву моћ да су њихова мишљења почела да се сукобљавају. Да се деле по таборима и да љуто полемишу међусобно. У прогону су били уједињени. Сада, као господари, роварили су с прекомерном страшћу по телу, које се звало догма. Доспели су чак до таквог ужаса да су помислили: Да ли је Христ био бог или човек? Дошли су дотле да порекну васкрсење мртвих. Е, то није било само порицање, то је била права побуна. Људи који су били вешти говору, бесно су дизали народ на побуну. Где год је било народа, где год би био неки скуп, појављивала су се гесла, за старе хришћане богохулна и увредљива. А многи су бдели, очајнички покушавајући да сазнају шта је права истина. Та страст за истином, постала је бољка времена. Био је то дух који је тражио своје право. Шта је право, а шта не. Пре једног века трајао је рат између пагана и хришћана. Рат се сада водио између јеретика и правоверних. Преостали пагани подсмевали су им се. Те преостале су хтели да униште острашћени цареви. Теодосије велики, затим Теодосије мали, назван калиграф. Затворили су античке школе мудрости, срушили су храмове. Некада прогањани хришћани били су жедни освете. Сада су они организовали прогоне. И нису ударали на новопросветљеног, који је имао снагу да се супротстави. Ударали су на болесника, који је био осуђен на смрт. И то у име Христа, бога љубави. Променило се лице света, много се променило!

12.
СЕДАМ УСНУЛИХ МЛАДИЋА СЕ БУДИ

Рана зора. Кроз отвор пећине, на супротној страни, одвајала се светлост, тиха и бледа. Јамблих се први пробудио. Отворио је очи, подигао се, сео, видео је остале младиће како спавају. Покушао је да се сети. Какав диван сан! Осетио је да су му руке и ноге одморне, дисање радосно, као радосно јутарње дисање зебе у шуми. Синоћ се топло помолио великом Богу, тражећи највећи спас, смрт. Бог му није послао смрт. Мораће још да трпи. Међутим, срце му је било толико лагано, да му се у овом часу ниједно искушење није чинило тешким. Подигао се и Антонин. Видео је Јамблиха како размишља, није ништа рекао.

Касније је упитао:

– Да ли смо још увек у пећини?

– Да, у пећини смо.

– Гладни, жедни?

– Не, ни гладни ни жедни. Осећам да ми је тело лагано, Бог није пристао да нам пошаље смрт.

– Још један дан пун стрепње! одговорио је Антонин. А ја сам помислио, у тренутку када сам отварао очи, да сам прешао у неки други живот. Очекивао сам да чујем песме анђела.

– Анђели певају у рају. Можда си се налазио у паклу.

– О паклу нисам ни размишљао.

– То је гордост, рекао му је Јамблих.

— Да, гордост је. Много сам згрешио. Увиђам то сад. Али овде унутра није ни пакао, то је пећина, сâм камен, сâма светлост зоре.

Почели су да се буде и остали. Осећали су и они исту лагодност, неки тајанствени спокој.

— Зар је то смрт? упитао је Мартинијан. Зар је смрт тако лагана ствар?

— Не! одговорио му је Максимилијан, његов брат. Није то смрт. То је живот, мали, свакодневни људски живот.

Светлост се у пећини повећала.

Ширила се с камена на камен, стално је расла, један нови дан. После толико времена седам младића је одједном осетило да се свет променио, да је време друкчије.

— Мислим да сам у сну видео мајчицу Хермиону, рекао је Јамблих. Нежно ме је помиловала, певала ми је, као кад сам био дете да би ме успавала. Срце ми је пуно среће. Још мало па ћу заплакати.

— Бог нам је, рекао је Константин, послао сан који одмара. Нисам знао да је сан таква благодет! Сада знам. Да испружиш тело, руке, ноге, да оставиш бриге да ходе у друге крајеве, да тонеш у радосно непостојање. После да се будиш и да налазиш један нови свет. Да размишљаш, сада ћу поћи на далека путовања, сада ћу трошити своју снагу на вредна дела. Ниједан цар није никада спавао као ми ове ноћи. Декије не може ни на трен да склопи очи. И ако успе накратко, ђаволи му спремају страшан одмор. Стално се бори да спасе своје несрећно тело кроз набујалу реку крви. Немани пакла насрћу на њега да га раздеру канџама и зубима. Пакао је пред њим. Гоњени може понекад да легне срећан, Декије не може. Његове уши су пуне јаука и плача. Проклињу га деца сирочићи, мајке које је унесрећио. Његово месо је труло, тело пуно жучи. Нека му Бог опрости! Нека му Бог опрости! Нека му подари једну спокојну ноћ!

– Нека му подари једну спокојну ноћ! Поновили су сви остали углас.

– Одакле долазимо? питао је, у неком тренутку, Дионисије.

– Одакле долазимо? одговорио је Антонин. Ниоткуда! Налазимо се у нашој пећини и то толико живи као никада.

– Осећам се, рекао је поново Дионисије, као да сам корачао кроз време. И поред тога, нисам уморан. Спреман сам да опет кренем.

– Свакако да си корачао кроз време, одговорио му је Константин. Дванаест пуних сати, можда и више.

– У тренутку када сам се пробудио, у првом тренутку, рекао је поново Дионисије, помислио сам да живим неки други живот. То мора да је смрт, помислио сам. Осећао сам се лаким као птичије перо, слободан од уморног тела, које је пуно брига и туге. Погледао сам око себе да видим јабуке раја. Поново сам видео пећину. Зар то није смрт? рекао сам. Не, то није смрт. Сада више не желим да умрем. Осећам као да не могу да умрем.

– Постао си бесмртан, рекао је поново Константин, и насмејао се.

– Ићи ћу по хлеб, по воду! рекао је изненада Јамблих.

Остали су се зачудили.

– Сан и одмор, рекао је Антонин, подстичу те на пут. Морамо да будемо опрезни.

– Да, добро си рекао. Имам жељу да ми ноге виде пута. Узећу торбу и крчаге, и поћи ћу.

– Пре него што падне мрак? упитао је Ексакустодијан.

– Пре него што падне мрак! Тело ми је пуно спокоја. Можда ми је данас суђено мучеништво. Нека ме нико не спречи.

– Не, никуда нећеш ићи! повикали су остали очајнички. Или боље да сви одемо претору!

– Господ је проговорио! рекао је Антонин. Господ нам је послао свог весника. Остаћемо верни вољи Господњој.

– Ако је Господ, одговорио је Јамблих, одлучио нашу смрт, могао је да нам је пошаље у часу кад смо му се жарко на коленима молили. Бог нас је одредио за мучење или за живот. Нека ме нико не спречи! Узећу торбу, крчаге и путнички штап, и поћи ћу у сусрет мучењу или животу. Осећам непобедиву снагу у себи. Овај дан је друкчији.

Пошао је и гурнуо велики камен са улаза као да гура перо. Потрбушке се провукао и изашао на светлост дана. Руком је заштитио очи од сунца да види околне планине, стада. Попео се на брдо, спустио се у шуму, нашао је воду која је извирала из стене. Напио се воде, оставио је у шуми крчаге, закорачио је узбрдо, погледао около, угледао је гомилу колиба тамо где је знао да постоји само једна. Изненадио се.

– Кад се пре створио сав тај свет овде? помислио је.

Тај сан је био чудесан, рекао је, мој ум се још није разбистрио, а прејака светлост ми заслепљује очи. Непознате су ми ове колибе! Ех! Како сам се преварио, Господе и Боже вољени, променио сам пут и нашао се на местима, у која раније нисам залазио. Шта сада да радим? Да се поново спустим доле? Да наставим напред? Шта да радим? Али каква је то радосна снага? Нека, идем напред!

Наставио је и стигао до прве колибе. Пустош и самоћа. Овце су мирно пасле траву, ту у близини. Наставио је даље. Срео је козара под тешким кожухом иако је толика топлота грејала свет.

– Човече, рекао му је, потребан ми је хлеб. Могу да платим. Путник сам, нестало ми је хране.

– Седи на овај камен и донећу ти храну, одговорио је козар. Бог штити путнике намернике.

Сео је на камен, чекао је. Козар му је донео велики хлеб. На њему је тестом био направљен крст.

– Јеси ли хришћанин? упитао га је Јамблих.

– Наравно да сам хришћанин! одговорио је козар.

Накратко су обојица ућутала. Паганин, помислио је козар, а времена су за њих тешка. Али, Бог милости ће их просветлити.

– Узми и овај сир и иди с богом, рекао је козар. За твоје добро, немој се много појављивати. Времена су тешка.

Јамблих је тражио да плати.

– Други пут! одговорио му је козар.

Младић је сишао низ падину, стигао је у шуму, нашао је крчаге, напунио их водом, сео је мало и размишљао о путу, о месту. Да ли је било исто или друго? Час му се чинило да је друго, час да је исто. Сетио се козаревог савета: за твоје добро, немој се много појављивати. Вратио се у пећину. Шесторица младића су га чекала са стрепњом, шћућурена у дубини. Улаз у пећину је остао широм отворен. Угледавши велики хлеб много су се обрадовали. Јамблих им је руком показао крст.

– Крст Господа Бога! рекли су они.

– Веома је смео тај козар! Зар се уопште не боји претора, мучења, смрти?

– Обожавам такве храбре душе! рекао је Константин. Човек који је тако смело на свој хлеб ставио симбол Господњи, симбол жртве, и дао га пролазнику, не водећи рачуна да ли је достављач, да ли је преторов послушник, достојан је човек.

– Крај се променио, рекао је Јамблих. Још не знам да ли сам скренуо с пута или не, али крај је пун колиба, пустош се оденула људима.

– Затворимо улаз, рекли су остали.

– Да, времена су тешка, тако ми је козар рекао, одговорио је Јамблих.

– Времена су тешка, колико дуго ће још бити тешка, када ће сироти човек моћи да одахне? упитао је Дионисије. Још се не оконча један прогон, почиње други. Сада смо под Декијем, сутра ћемо бити под другим. Увек ће се неко наћи да нареди смрт.

Јели су, попили су свежу воду, славили су име Божје. И остали су ту, да размишљају о храбром козару. Тако је дан почео полако да нестаје, да пада ноћ, опет једна јонска ноћ. Легли су, почели су да причају о овом и оном. Био је то један спокојан час у тој самоћи. Изненада, у мраку, из велике даљине, чули су химне. Као да је пролазила поворка, много људи, који су јасним гласом славили Бога.

– То су хришћани! То су хришћани! Воде их на мучење, а они славе Бога који је пристао да их удостоји бесмртности, рекао је Мартинијан. Сигурно су у околини открили неку пећину и ухватили их све заједно.

– Блажени су, рекао је Константин, што им је дошао час да потврде своју веру. Слушајте! Слушајте! Ниједан глас не дрхти, ниједан глас не мисли на смрт.

Сви су прислонили ухо на зид пећине у напору да боље чују. Пролазила је поворка светаца. Час ближе, час даље. Док није нестала у дубини ноћи.

– Будимо спремни! рекао је Јамблих. Пећину по пећину, уништиће све хришћанство, ти ниткови!

И тада су осетили да се страх угнездио у њима као дивља птица у стени. Причали су како их у овом тренутку воде у Ефес да их баце у мрачне лагуме. Око поднева ће их одвести пред претора. Предвече ће већ бити убијени. Јамблих се сетио козара. Можда је и тај неустрашиви био с њима. Можда је био предодређен да и он умре заједно с њима.

Те ноћи нису могли ока да склопе. Јамблих највише. Срце му је било узнемирено, душа пуна нагађања и питања. Те колибе, изгубљен пут, чудни козар, стално су му долазили у сећање и нису га остављали на миру. Жарко је желео да разјасни ту ствар. Тако је одлучио да сутрадан поново крене на пут, овог пута у Ефес. Шесторица младића су се престравила.

– Зар ниси чуо, у ноћи, поворку светаца, што се пењала на Голготу, на страдање?

Јамблих није имао намеру да промени мишљење.

– Постоји нека снага у мени која ми не да да се смирим. Тера ме да кренем даље.

Чекао је да околни брежуљци побеле, а затим постану златни, и да, очију отечених од бдења, са штапом у руци, пође на пут. Помислио је да крене другим путем, јер му се јучерашњи чинио наопаким. Стигао је до водице у гају, умио се, попио, разбистрила му се глава, срце му је олакшало, прихватио је поново штап, кренуо даље, променивши пут. Наишао је на друге колибе, на друге пастире. Није желео да ступи у разговор са њима. Препешачио је зелене брежуљке, стигао на широко поље и угледао нове брежуљке, сви су били ниски и пуни дрвећа. Схвативши да је изгубио пут, зауставио се у крчми да се одмори. Крчмар је био човек округао, веома округао, црне густе браде, похлепних очију.

– Имаш ли, странче, новаца? рекао му је. Ако немаш, узми свој штап и одлази. Већ сам се доста опекао о сиротињу.

– Стави ми да једем и пијем! одговорио му је Јамблих заповедничким тоном. Ушао је, сео на клупу. Погледао је около, запрепастио се. На источном зиду, на лепом исклесаном иконостасу, горело је кандило. И на бледом зиду, црномањаста, крупних очију, са Божјим дететом у наручју, осликана пресвета Богородица. Јамблих је устао, ударио је ногом по плочнику, раширио је руке, затим их је скупио, осетио је да му глава гори.

– Јеси ли луд? упитао га је газда. Или вежбаш у ово доба?

Отишао је до врата, вратио се, погледао је Богородицу, глас му је стао у грлу. Узео је свој штап и нестао трком. Крчмар је изашао напоље и смејао се без престанка. Зашао је у неку хладовину. Стао је да се одмори. Преко пута, у дубини, пролазио је усамљени путник.

– Човече, узвикнуо је, како се иде у Ефес?

– Врати се натраг! Попни се на брежуљак – и показао му је иза крчме, на супротну страну – и видећеш га како се простире пред тобом.

Вратио се натраг, попео се на брежуљак, угледао је град Ефес. Био је потпуно изгубљен. Срце му је лупало, мисли су се смењивале, густ зној је облио његово тело. Стао је да види, да препозна град по обележјима јер час му је изгледао као Ефес, а час не. Чинио му се већим, измењеним. И стално је размишљао: ово је лудост, ово је лудост! Ето, шта је пећина учинила! Мрак, глад, жеђ, страх. Шта друго да помисли, шта друго да каже? Дан је био топао, а врх го без дрвећа, наставио је пут. Срео је пролазнике, обишао крајеве које није познавао, није стао да одахне. Није више марио ни за претора ни за достављаче. Дисање се претворило у гушење, очи су га пекле, није знао да ли је жив или мртав. Неки су се склањали при његовом проласку, гледали га зачуђено, смејали се, поново га гледали, ћутали. Како је чудан био тај човек! Како су чудни били ти људи! Стигао је на место за које је знао да је трг. Све се проширило, све се променило. Подне је већ давно прошло. Био је веома гладан, осећао је ужасну жеђ, колена су му клецала, руке дрхтале. Говорио је: полудео сам, полудео сам, ништа друго није могао да каже, полудео сам. Није се свет променио, није се град променио. Моја душа се нашла у другом свету, мој ум је изгубио моћ и не може да ми пружи помоћ. Испразнило ми се тело од душе, од ума. Нису ми остале него само кости и нешто крви што ће ускоро нестати. Застао је испред једне радње. Свежи, округли хлебови налазили су се на тезги. Једна жена је седела на ниској клупи поред свежих округлих хлебова.

— Гладан сам! Дај ми хлеба, дај ми воде! рекао јој је. Погледала га је као да је први пут видела такву појаву, таквог човека.

— Имаш ли да платиш? упитала га је.

— Имам! одговорио је. Отворио је своју кесу, баци пред њу свој последњи новац. Жена се сагла, покупила је један, погледала га.

— Шта је то? упитала га је.

— Новац, шта би хтела да је?

Није више могао да стоји на ногама. Срушио се на плочник као празна врећа.

— Ово је стари новац, рекла му је, нико то не узима. Где си га нашао? Да ли су и остали такви?

— Исти су, одговорио је у пола гласа. Погледај их, прави су.

— Сада имамо друге, рекла му је тихо жена. Разрогачио је очи, куд је кренуо, умреће овај човек, рекла је жена. У име Христа и Богородице! У име Христа и Богородице!

Јамблих је као из даљине чуо глас. Изашли су власници околних радњи. Сакупили су се да виде и да сазнају.

— Хоће да ми подвали лажне за праве. Рекла сам му да ти више не важе.

— Умирем! Дај ми парче хлеба и воде, промрљао је Јамблих и молећиво је погледао.

— Дај ми и дај ми! Тако вичете ви просјаци? Дај ми и дај ми! Ко зна одакле си покупио те новце, из ког ћупа закопаног у земљи.

— Моји су, моји су, одговарао је Јамблих, не схватајући шта су му говорили. Како су стари? Није прошло много времена откако сам њима платио за храну чобанима.

— Чобани нису обавештени, преварио си их, да ниси мислио да ћеш и мене преварити?

— У име Христа, рекао је један из скупа, човек умире, немојте причати. Дај му хлеб, ја ћу га платити!

— Плати, а ја ћу му дати да једе док не пукне, одговорила је жена.

Човек из скупине је извадио из кесе један новчић и бацио га у женину кецељу. Она га је узела и пришла Јамблиху.

— Отвори очи, слепче, па гледај! Викнула му је. Да ли личи на оне твоје?

— Шта хоћеш да кажеш? рекао је Јамблих. Шта ми показујеш? Ја ништа не разумем. Луд сам. И гладан сам! И жедан!

— Ако си луд, ствар се мења. Али који лудак је свестан свог лудила? Осим ако је реч о другој врсти.

Донела му је хлеб, донела му је воду, оставила га је да лежи доле. Остали око њега, радознали, причали су о њему. Како је чудно обучен! Изгледа као странац, одакле ли долази? Са путничким штапом у руци сигурно је прешао много пустиња. У међувремену, Јамблих се окрепио. Спуштало се вече. Чуо је у близини неку преслатку мелодију: „Стигавши на залазак сунца, угледавши вечерњу светлост, славимо Бога, Оца, Сина и Светог Духа!" Начуљио је уши да чује. Подигао је очи, видео је окупљене како се крсте. Није ништа рекао. Ето, дакле, помислио је, како је лудост лепа ствар: да ти доноси пред очи оно што највише желиш, један хришћански свет, где без страха можеш да славиш Бога. Ако је тако, боље је да никад не оздравим! Сви ови људи су пагани, а ја мислим да се крсте. Мислим да чујем мелодије, можда је то глас мученика, из дубина онога света.

У том часу су срединой пута прошла два војника. Били су, а нису били легионари. Јамблих је, међутим, осетио како му је хладно, веома хладно. Прошли су, нису ни стали поред тог скупа, који је постајао све гушћи. Жена је упалила светиљке, окачила их о зид да би још продавала хлеб. Пришла је Јамблиху:

— Хајде, реци, сада, кад си се окрепио, одакле си и шта тражиш овде у граду, у Ефесу.

– Хоћу хлеба и воде, то тражим. Да их понесем са собом, да их однесем у пећину.

Како му је промакла та реч о пећини ни сам не би могао да каже.

– Каква пећина?

– Хоћу хлеба и воде да понесем осталој шесторици. И они су гладни и жедни.

Жена је дуго размишљала и није одговорила. После је погледом тражила неког међу окупљенима:

– Евсевије! позвала је, Евсевије! дођи да попричаш с овим човеком. Каже да је луд и хоће да и ми полудимо.

Јамблих је устао, стао је међу људе, помислио је да оде, предомислио се, погледао је око себе, угледао је створење погнуто и бледо како му иде у сусрет, био је то Евсевије. Евсевије га је одмерио од главе до пете, упро је свој оштар и хладан поглед у његове очи. Јамблих је поново осетио да му је хладно, да му је јако хладно. Помислио је: овај ће ме сада одвести претору. Дакле, нека ме одведе! Нека је слављен Господ, што ме шаље у смрт. Благословен нека је час што могу да говорим!

– Можеш да ме одведеш, рекао је Евсевију понизно. Спреман сам!

– Хоћу да те питам, одговорио му је заповеднички Евсевије. Јеси ли хришћанин или не?

Остали су остали без даха. Тренутак је био веома дуг. Јамблих се сетио мајке Хермионе, Агатија, Аристобула, гомиле светаца који су га посетили претходне ноћи у дубокој самоћи.

– Хришћанин сам! одговорио је.

Евсевије му је опет наредио:

– Ако си хришћанин, реци ми „символ вере".

– Који је „символ вере"? упитао је Јамблих. Не знам!

Окупљени су се зачудили. Не зна „символ вере"! Несумњиво, мора да је живео међу чобанима и уличним просјацима!

– Верујеш ли у Христа? упитао га је поново Евсевије.
– Верујем у Христа! Нема потребе да ме поново питаш. Лукилије је нестрпљив, није се напио крви.
– Који Лукилије?
– Претор Лукилије, човек Рима. Убио је толике људе, може да убије и мене. Ја сам спреман!
– Изгледа да овај живи у другом времену, рекла је жена. Лудило га је вратило уназад, у старо доба!
Евсевије му се приближио још више. Узео је један новчић са земље, од оних који су се просули, дуго га је гледао.
– То су твоји новчићи?
– Да, моји!
Евсевије је поново заћутао. Затим се усправио, ухватио га за рамена, уздрмао.
– Које је твоје доба? упитао га је очајнички, дивљачки острашћен. Које је твоје доба? У доба ког цара живиш?
– Зар Римом не влада Декије? А овде претор Лукилије? упитао је сада Јамблих.
– Који Декије и који Лукилије? Зар не знаш да је Рим сада јако далеко? Да овим крајевима влада Нови Рим, Константинопољ? Да у Новом Риму већ царује свемоћини и устоличени Христ? Долазиш из великих даљина, из времена прогона. Где си био тако дуго? Како не знаш да се свет променио?
Сада је дошао на ред да Евсевије изгуби разум, да окупљени полуде.
– Како се зовеш? питао га је Евсевије са страшћу која је стално расла, која је постала делиријум.
– Јамблих! рекао је младић. Јамблих је моје име.
– Свети Јамблише, опрости нам на лошем опхођењу, смилуј нам се, свети Јамблише, буди нам заштитник и помоћник у нашој немоћи, помоли се Господу за спасење наше душе која је много грешна.
Јамблих је стајао запрепашћен усред масе која је викала, кукала и ударала се по грудима. Сви су пали

на земљу да му целивају ноге, да дотакну његово рухо, бојали су се да подигну очи да виде његово измучено, увенуло лице. Сви су викали: Чудо! Чудо! Господ је послао свог анђела из времена мученика да бисмо спознали Бога, да би нам показао пут врлине! Свети Јамблише, спаси нашу душу која је страшно грешна! Жена која је одбила да му да хлеб, била је на земљи немоћна да се покрене, немоћна да реч изусти.

С уста на уста, прича се ширила по целом граду. Напустили су људи куће, хришћани и преостали уплашени пагани, и окупили су се на тргу. Ноћ се напунила бакљама и светиљкама. Било је то нешто што је изазивало чуђење, радост и страх у исто време. Кроз тај окупљени свет продувао је ветар безумља. Један младић, који је умро, јер је било невероватно да је био заспао пре двеста година, налазио се жив пред њима. Тај младић, забринут и измучен, не знајући, корачао је кроз бесконачно време. Тај младић је био заручен с вечношћу. Многи, после првог чуђења, почели су да вичу:

— Мртви васкрсавају! Доњи свет долази горе. Дошао је судњи час! Дошао је судњи час! Покајте се! Покајте се! Дошао је судњи час!

Други, неповерљиви, шапутали су:

— Тај Јамблих је веома вешт преварант. И ко нам може потврдити да није човек нашег времена, који је смислио ту бајку, како би утолио своју глад? Неки такви просјаци и чаробњаци често нам долазе из далека.

Поклици су се непрестано увећавали.

— Покајте се! Покајте се! Стигао нам је судњи час. Исповедимо своје грехе Свецу, кога нам је Бог послао, признајмо гласно, будимо понизни једни пред другима!

Душе су се отварале, избацивале су своје дубоко скривене тајне:

– Крадем на мерењу вина и жита! Нека ми опрости свевишњи Бог!

– Прошле недеље сам украо Аркесилајеву козу! Везана је у мом дворишту! Нека дође сутра да је узме!

– Легао сам са туђом женом! Свети Јамблише, услиши моју молитву! Моја грешна душа клечи пред твојим ногама!

Јамблих је стајао усправан, усред окупљеног народа, очију окренутих према звезданом небу. Сада је био уверен да се налази у неком другом времену, у хришћанском граду. Сетио се брежуљака пуних колиба, чобанина с хлебом, који је носио знак пречасног крста, кандила у крчми, Богородице осликане на зиду. То нису биле бајке! Сетио се и оног спокојног сна, живахности коју је осетио када се пробудио у новој зори. Уосталом, кад би Декије још владао Римом, кад би Лукилије био претор у Ефесу, с којом снагом, с којом смелошћу би ови људи могли тако гласно, пред очима власти, да се клањају свемоћном Богу и да се исповедају за своје преступе? И да ли су сви ти људи били хришћани? Људи који су крали и закидали на ваги, који су спавали са туђим женама, који су поткзивали своје суседе, који су се љутили, који су држали нож у руци, који су убијали? Толика страдања, толика крв, толика сирочад, толика кукњава и да у граду још влада жеђ за убиством, жеђ за туђом женом, превара, срџба, мржња, све ово? У име предоброг Христа, људи да муче људе? И осећао је Јамблих огромну тугу, попут мрачног облака како га обузима. Да ли, дакле, свет, ма колико желео, ма колико се трудио, нема моћ да се промени? Да ли је ђаво јачи од анђела? Сетио се Агатија, Аристобула. Ти древни људи су били више испуњени Богом. Више су били испуњени добротом и вером.

Пришао му је младић у црном хитону са плавом косом расутом по раменима.

– Странче, рекао му је, епископ те чека.

– Нисам странац, из Ефеса сам, одговорио је Јамблих.

– Епископ те чека, рекао је поново младић заповедничким тоном.

Јамблих је покушавао да прокрчи пут кроз помахнитали народ. Многи су покушавали да га дотакну, да га подигну на руке, на рамена. Одгурнуо их је мирним покретом. Прешли су трг, наставили споредном улицом, малим успоном, стигли су у господску кућу. На капији је стајао човек са светиљком у руци, поодмакле старости, чистог погледа, епископ, по имену Марин. Пао је ничице, остављајући светиљку по страни. Дотакнуо је Јамблихове ноге и уснама обрисао прашину дугог пута. После се дигао, ушли су унутра, у сјајно осветљену капелу, да захвале Господу. Епископови подређени, постављени у два реда, с једне и друге стране, појали су химне, дубоко потресени. По завршетку химни, епископ је повео Јамблиха у лепу салу и сместио га на широку и мекану столицу. Сео је и он поред њега. Народ је остао напољу, око куће, под звездама. Ноћ је била дубока. Била је то једна невероватна ноћ, ноћ у бдењу.

– Хоћу да сазнам твоју животну причу, рекао је умиљато епископ.

– Моја прича није дуга, одговорио је Јамблих. Долазим из прогона који је спремио Декије. Са мном су била још шесторица младића, војника. Реке крви су текле Ефесом. Можда је крива наша младост што није умела да умре. Нашли смо једну пећину и ту смо се сакрили од рата. Претор је био окрутан, звао се Лукилије. Две жене, мајка Хермиона и Ноеми, ноћу су нам доносиле храну и воду. Умор их је сломио, угасиле су се. Хермиона, моја мајка, издржала је дуже. Нисмо имали никога да нам помогне. А прогон је бивао све жешћи. Пао сам у очајање, изашао сам, успео сам да нађем храну и воду. Понекад ме је пратио Константин, мој пријатељ.

Били су то чобани из околних планина, који су нас извесно време спасавали од глади и жеђи. После су се и они уплашили. Легионари су кренули у планине, тражили су по пећинама. Ништа нам није преостајало осим смрти. Једне ноћи, жељни смрти, помолили смо се Господу. И услишио је нашу молбу. И послао нам је лак сан, дечји сан. Кад смо се пробудили, рекли смо каква штета, још нисмо умрли. А времена су тако страшна. У пећини нема хране, нема воде. Мислили смо да нам је Господ послао сан само за једну ноћ. Пали смо поново у очај. Одлучио сам да изађем, као што сам први пут, као и касније. Нашао сам се у неком чудном свету.

– Господ вам није послао сан, послао вам је смрт. А сада је услишио моју молитву и васкрсао вас.

– И каква је била твоја молитва? упитао је Јамблих. Ти нас ниси познавао, ниси знао да смо у пећини.

– Молио сам Господа да васкрсне мртве. Било које мртве, у било ком месту, овде близу. Јер су се неверници намножили у овим крајевима. Сваког дана шире гласине по трговима како су васкрснуће мртвих и судњи час превара. Свет се окупља око њих и слуша, и загађује му се душа. Лажни пророци иду путем и сеју немир и неверство. Бог вас је мени послао.

Јамблих је утонуо у дубоко размишљање. У међувремену су епископови људи поставили сјајну трпезу са рибом, сиром, разним плодовима и црним вином.

– Прешао си двеста година. Много си уморан. Вечерас си позван у радост Божју, који ће благословити „храну" и „пиће" својих слугу.

Јели су ћутке. Окупљени народ се чуо доле, узнемирен као море. Епископ је гледао Јамблиха и није могао да верује у његово присуство. Његов гост је био мртвац. Човек из трећег века налазио се преко пута њега, у петом веку. Загризо је јабуку с очигледним задовољством, уживао је у њеном соку као прождрљиво дете. Његово тело је изгледало здраво, сан га је подмладио, смрт га није дотакла.

– Спава ми се, рекао је Јамблих.

– Не може да ти се спава, тек си се пробудио! одговорио је Марин. Идемо у врт да се прошетамо у ноћи.

– Хоћу да спавам! рекао је поново Јамблих.

– Не треба да спаваш! одговорио је поново Марин. Божји анђеле, Јамблише, да ли си помислио да можеш да умреш? Да заспиш и да умреш? По други пут? И шта ћу тада рећи јеретицима? Дођи, идемо у врт! Ноћ је слатка. Ускоро ће се чути петао, видећемо зору како својим пламеном спаљује небо. „У сјај и порфиру" ће се оденути уснули свет.

– Не, нећу умрети, рекао је Јамблих. Само ћу мало лећи, да ово моје тело добије нову снагу. Ујутру ћемо отићи у пећину. Њих шесторица чекају. Можда чак верују да ме је Декије заклао.

– Свече Божји, одговорио је епископ, ако је тако, можеш да легнеш. Ја ћу у међувремену позвати јеретике да дођу са нама у пећину, да отворе очи Божјој светлости!

Епископ је позвао јеретике, а следио их је и многобројни народ. Стигли су у пећину, затекли су шесторицу како чекају у тузи. Дан је био топао и тих, обичан јонски дан. Шесторица само што нису умрла од страха и ужаса када су око пећине видела толики свет. Марин је ишао на челу, стао је на улаз и снажним гласом је рекао:

– У име живог Бога, у име свемоћног Бога, напустите ову горку самоћу и пођите с нама! Ефес вам се клања!

У међувремену Јамблих је ушао у пећину. Са стране је Константину и Антонину причао о чудесима Господњим. После је и осталима испричао да сви чују и сазнају какав је био сан који им је Бог послао.

– Али то је била само једна ноћ и ништа више, рекао је Мартинијан.

– Тако је, одговорио је Јамблих. Прошлост је један дан, једна ноћ, такорећи један трен.

– И сада, где се сада налазимо? упитао је Дионисије.

– Цар се зове Теодосије и влада Босфором и Византом. Цар је хришћанин. Седи у својој палати преписујући свете књиге лепим словима и украсима. Његова жена Јевдокија и његова сестра Пулхерија управљају државом, одговорио је Јамблих.

Напуштајући пећину, погледали су около, бацили су поглед иза себе и обузела их је туга. Ту су осетили глад, жеђ и бол, ту су живели и ту су умрли. Камен пећине је био везан за њихово најбоље биће. Дигли су се, сва седморица, чудна дружина, и изгледали су као да стоје између земље и неба. Сунце је сијало, зелени брежуљци почивали су у неузбурканом дану. Народ је пао ничице на земљу, кличући и уздишући.

– Устаните! узвикнуо је Константин. Божје смо слуге! Нисмо достојни похвале и почасти!

– Ви сте порука коју нам је Бог послао, рекао је гласно епарх који се налазио међу народом. Наши греси су безбројни! Узели смо власт у своје руке, постали смо моћници – и власт и моћ су убиле нашу душу.

– Дођите да нам приповедате, рекао је епископ Марин, о тим старим хришћанима, који су проливали своју крв за веру. Да нам причате о милости, о љубави. Сада је све то нестало. Много смо пропатили. Страдање нас није опаметило.

Народ је нарицао:

– Ми смо недостојни, грешни! Жедни смо бола, спаса.

Епарх је рекао:

— Ви сте гласници великог Бога, његови анђели. Напустили сте рај Господњи и сишли сте на земљу да спасете наше душе!

— Ближи се крај света, рекао је неко. Господ ће нас ставити на облак да нам суди. Хвалили смо се због наше моћи, а не моћи Господње! Хвалили смо се овоземаљским добрима, напунили смо наше амбаре хлебом сиротиње, оставили смо болесника беспомоћног, сироче незбринуто, просјака у очају, путника намерника уморног.

— Цар има хиљаде наоружаних, хиљаде бродова да га штите. Ратови господаре нашом земљом, један убија другог, рекао је епарх.

— Ништа се није променило, узвикнуо је епископ Марин. Међусобне борбе сеју мртве по далеким пустињама, мржња уништава градове. Ми смо достављачи и лицемери. Уместо да наше срце буде чисто, испуњено Христом, испуњено је лажима. Зашто се стидимо да му кажемо да смо се показали недостојнима Његове жртве.

Тада се Јамблих издвојио од осталих младића. Био је прелеп. Његово лице је сијало као роса пролећне зоре. Раширио је руке, дао је знак да престану да вичу. Пустио је да му поглед лута по великој дубини, кроз море година.

— Моја душа је смртно тужна, рекао је. Моја душа је постала пламен који жели да прескочи време које долази. Моја душа не наилази ни на шта него само на крв, зној и јаук. Људска моћ је неправедна и окрутна.

Затворио је очи, као да је гледао у себе. Затим је рекао:

— Браћо моја, време је пуно спаситеља. Сви желе да спасу људе. И уништавају човека. Сви желе да обезбеде срећан живот људима. А уништавају човека. Обећавају му хлеб и воду. И за узврат му одузимају душу.

Отворио је очи и поново рекао:

— Ако можеш да убијаш људе, немаш снагу да спасеш човека. Убица не може да буде спаситељ. Видим свет пун убица.

— Сви смо убице! одговорио је народ. Ми смо лопови, прељубници и убице! Ми смо блато ове земље! Наше срце је трновито као дивљи жбун.

— Видим, рекао је поново Јамблих, како брат убија брата, поткази вача како у сваком ћошку вреба, узурпатора да сиромаха учини још сиромашнијим. Видим народе како се истребљују, племена како нестају, утробу земље како се тресе. Чујем јаук мора, уздах ветра. Браћо моја, свемоћни Бог се налази у нама. Завиримо у себе, отворимо очи да Га видимо. То је један Бог наг и понизан, и сиромашан, један Бог просјак, који може све да опрости осим овога: да један човек одређује судбину другог човека, да један човек постаје судбина другог човека. Браћо моја, саслушајте моје речи: свако сâм налази Бога, свако сâм налази себе!

На те речи народ је осетио велику тугу. Можда и због тога што није баш све најбоље схватио. Јамблих је заћутао. Остао је нем усред скупа, као архангел са огњеним мачем у руци. Шесторица младића окупила су се око њега. Сада је било очигледно да је кроз његова уста проговорио Бог, проговорио је човек, то тужно створење, човек. Неки паганин, који је био очаран призором и оним што је чуо, а осетљив на лепо, трудио се да свом суседу објасни ствар:

— Тиме хоће да каже да је стрепња бића, то јест, урођено зло довољно. Није потребно да човек уноси још више туге у већ постојећу количину туге.

То је био један од пагана, који се све више и више приближавао Христу и прилично дуго корачао с њим. У Ефесу није било мало таквих пагана који су на вешт начин успели да буду у добрим односима са властима. Онај други, који је слушао, нити је схватао нити је ишта одговарао.

– То је бол човека, рекао је опет паганин.
У међувремену, поворка је кренула. Епископ, епарх, седморица младића, народ. Стигли су у град, на трг. Стали су, појали су химне Богу Оцу, блудни синови, грешници. Епарх је одредио да се свеци сместе у господску кућу, поред епископове. Одредио је наоружану стражу да их чува, мноштво људи да им се нађе за било коју потребу. Био је то величанствени повратак.

Дани који су следили били су пуни брига. Читаво царство је чуло причу о седморици уснулих младића. Из Цариграда су стигли изасланици Теодосија, Јевдокије и Пулхерије, носећи богате дарове. Стигли су људи са мора и копна, из преосталих крајева Јоније, из Битиније, Киликије, Галатије, Памфилије, Кападокије и Ликије, као и са острва. Једни су пошли са Крита, други са Кавказа и далеких крајева Црног мора. Велики и чудесни глас је доспео и до Палестине и Феникије, до Египта и Либије. Стигао је чак и до далеког Запада. Од уста до уста, са раскрснице на раскрсницу, са стазе на стазу, ушао је у сва срца и изазивао језу. Јер како се велики и чудесан глас ширио, није било човека који не би додао још понешто. И тако је нарастао и увећао се, и проширио се и постао песма и прича и молитва. И напунио се Ефес чудним људима, који су стизали са свих страна, да се поклоне васкрслим свецима и затраже опроштај својих грехова. Чак се прича да је на крају и сам цар Теодосије пошао из Цариграда у најсјајнијој пратњи, и дошао у Ефес да би видео свете младиће.

Кренули и неки који су тражили успех у својим пословима, велико богатство и стабилно здравље и незалазећу срећу за свој дом. И старци који су тражили дуг живот. И неплодни који су тражили потомство. И пустолови који су тражили изгубљено благо. И свакакви други који су се окупљали и бдели на прагу двора, у ком се седам уснулих младића осећало горе него у сувој пећини. Тако су шпекуланти заборавили своје грехе и почели да гомилају, на овај или онај начин, много злата. Наиме, свако ко је стизао у Ефес, далеко од свог краја, морао је да једе и да се смести; и крећући се кроз град, желео је понешто и да купи; ако је имао дубок џеп, за кратко време би га испразнио, трошећи с великом лакоћом. Мало-помало, свет је све заборавио. И није му остало ништа друго сем похлепе и радозналости. Дошли су и чаробњаци и чудотворци и глумци и свирачи и играчи, као некада у Антиохију и Селеукеју, у Сидон и друге, како би забављали народ. А народ, као хоботница, пуна пипака, као јеж, пун бодљи. Ширио би се, тражио, отимао, боо, својим тешким задахом загађивао би све. Сакати, просјаци, епилептичари, богаљи, нерадници и лењивци, постали су река, мутна и густа, која је текла по путевима и пољима. Цркве су биле пуне људске прашине. Појање није престајало ни дању ни ноћу. А зло је непрекидно расло. Епископ Марин, који је победио јеретике и због тога био веома срећан, пао је у дубоко размишљање. Баш у том размишљању младићи су га позвали код себе једног дана.

– Раније, рекао му је Константин, живот је имао неку границу. То је била смрт. Сада се налазимо у празнини. Као путници на равном пољу који не налазе брежуљак да одморе своје око. Живот је имао неки други смисао, тада када смо могли да кажемо: једном ћемо умрети. Данас не можемо више да помислимо на смрт. Живот без смрти можда и нема смисла.

– Смрт је горка, рекао је Јамблих, али ју је предобри Бог мудро одредио.

– Умрли смо једном, можемо ли да умремо по други пут? упитао је Дионисије, не очекујући одговор.

Епископ Марин није имао шта да каже на то.

– Наша душа је пуна векова, рекао је Константин. Све што се у међувремену десило, слегло се у нама иако то нисмо доживели. Умрли смо за хиљаде људи, за милионе људи, у току хиљада година. Стиснула су се у нама времена.

– Божји свеци, рекао је Марин, „нек вам се срце не узбурка, нека не поклекне"!

Седам младића није одговарало. У међувремену, слуге су затвориле капије борећи се са насилном руљом, која је тражила да уђе. Сада су немири, као и увек, страшни.

13.
ПОСПАНОСТ ДУШЕ

Али, најстрашније је било нешто друго. То су били они који су долазили из удаљених земаља и народа да би тражили и нашли одговор.

„Лазара из Битиније нисмо затекли, размишљали су. Али седморица уснулих младића се налазе у Ефесу. Ићи ћемо да дознамо шта је смрт, шта нас очекује после ње". И полазили су на пут. Прелазили су велике реке остављајући за собом дубоке долине, бесконачне равнице, горе и шуме. На камилама, на коњима. Владари на сјајним носиљкама које су носиле слуге снажних тела. Мудраци пешице. Брбљивци и чаробњаци уверавали су народ како их је ветар узео у свој загрљај и полако их спустио у град Ефес. Сви су питали да би сазнали шта их чека. И шта да одговоре младићи?

– Каква је смрт, шта је смрт? Шта постоји иза смрти? На каквим бисте се местима нашли? Са каквим бисте се људима срели? Можеш ли се наћи лицем у лице са свемоћним, предобрим Господом неба и земље?

– Ништа нисмо видели, ништа не знамо! одговарао је Константин. Само смо заспали. Као новорођенче у мајчином крилу, као уморни путник у гају. Била је то само једна једина ноћ. Заспали смо и пробудили се. То је све. Пробудили смо се.

– Смилујте нам се, смилујте се! молили су неки. Закорачили сте у велику тајну, у тајну смрти.

– Не знамо ништа! одговарао је Антонин. То није била смрт, био је сан. Ви сте нам рекли да је то била смрт.

– Дошли сте из далека, из велике удаљености. Ви сте људи из онога света, људи из другог живота.

– Имајте вере, то вам је довољно, одговарао је поново Константин.

Једна црномањаста жена, крупних очију, као Богородица са дететом у наручју, викала је:

– Изгубила сам своје дете, своје чедо. Дошла сам да ми кажете где се налази, да идем да га сретнем. Дошла сам да сазнам о своме детету. Мислила сам да сви могу да умру, само моје дете не. А сада је умрло. Свеци Божји, смилујте се мајци која оплакује своје изгубљено чедо. Куда су ми одвели дете, шта се десило са мојим дететом?

Било је болно слушати, гледати ту мајку. Како се ударала, како је кукала, како је молила тражећи одговор.

– Твоје дете се у овом часу налази међу анђелима, одговорио јој је Дионисије. Бог, који господари животом и смрти, позвао га је к себи.

– Јесте ли ви видели анђеле? упитала је мајка. Имају ли дуга крила, како их представљају, косу саздану од светлости? И моме чеду је добро код њих? Какво је то место? И ако му буде хладно, ако огладни и ожедни, ако се разболи, ко ће му помоћи, ко ће неговати моје изгубљено дете?

– У оном свету нема гладних, нема жедних, рекао је Дионисије. Ниједно зло не допире до њих, netакнути од зла хвале Господа неба и земље.

– Нека је бласловен Господ, рекла је мајка утешена. Нека је бласловено име Божје!

Били су ту и мудраци којима није било пријатно што су помешани с народом. Стајали су по страни чекајући свој тренутак. И непрекидно су посматрали младиће, с великом радозналошћу. После су почињали са питањима, подмукло и смишљено, јер је сва та бука унела сумње у њихову душу. И шта су младићи могли да одговоре тим мудрацима и чаробњацима, који су живели крај великих река и видели безброј људи који се годинама лишавају свега и остају читави, који се живи закопавају, и живи поново излазе из гробова, који своме телу заповедају да подноси свакојака мучења, а тело се покорава њиховој вољи као издресирани пас? И покушавали су мудраци и чаробњаци да младићима поставе замку и натерају их да поверују како у себи крију многе тајне, чуда невиђена, што људски ум не може да појми.

Све је то било веома заморно. Да имаш посла с толиким људима и да свако очекује одговор који тражи. Дионисије се сетио стрпљивог и побожног путника Елеазара, који се свако вече провлачио у авлију кроз капију, седео крај бунара и позивао мученике и грешнике да крену путем спасења. Чинило му се да је то доба можда било и најбоље. Са страхом, са смрћу у души. Тада си имао посла са честитим људима, са безазленим Божјим створењима. Сада се зло увећало. Лицемерство и лукавство. Да је Христ поново сишао на земљу, узео би бич и шибао би без милости богохулну руљу, с праведним бесом. Доказао би, још једном, да је мудрост мудраца само таштина. Поново би око себе окупио понизне и одвео их на планину да понови свој завет, који су многи заборавили.

Једне ноћи, младићи су опет осетили неподношљиву поспаност душе. Уморила их је та непрестана прича. И народ, који је очајнички, у гомили, тражио да види лице смрти, полако се претворио у страшну мору.

– Дошли смо, изгледа, из неког другог живота, рекао је Константин. Ми смо противречност. Туга и умор расту у нама.

– Ми смо противречност, рекао је Антонин. Увукли смо се, неосетно, у неко друго време. Ми смо као страно тело. Тада су се људи борили и умирали за веру, за љубав. Сада живе у једној вери. Ми смо живели у стрепњи, а не у овој радозналости. Христ који данас влада Ефесом није наш Христ, Христ понизан, просјак и уморни путник. Ми тог Христа волимо, Христа сиромаха и безазленог. Оног Христа чије је свако обележје по телу рана, Христа пуног крви и суза .

– Боље би било, рекао је Ексакустадијан, да се никада нисмо пробудили. До часа кад смо пали пред Господа на колена, тражећи му смрт док нам је он послао сан, били смо људи са неким циљем. Осећали смо своје тело, своју душу, осећали смо глад, жеђ, стрепњу. Сада не осећамо ништа. Тупи смо и празни. Ми смо седморица васкрслих, које радознали народ долази да види. Како да даље живимо на овој земљи друкчијим животом, животом без краја? Где да станемо и куда да кренемо, а да за нама не крену и други? Не знам како се ви осећате. Али ја видим да је свет постао кошница и, у овој кошници, овако стиснути не можемо да дишемо.

Први пут је тако и толико дуго причао Ексакустодијан, који је по природи био ћутљив и стално замишљен.

– Не могу да будем мисао! рекао је поново Ексакустодијан. Хоћу да будем човек! Човек са пороцима, са радостима. Да могу да осетим бол, да могу да плачем, да будем гладан и жедан. Све то је стварност. То је тело, које ми је још потребно да га мучим и да се сам с њим мучим. Сваки час се питам шта ће бити с нама? Заспали смо као људи и пробудили се као филозофски доказ. Ми смо само предмет доказа, ништа друго.

– Наше место је међу онима што су умрли, рекао је Антонин. Где је претор Лукилије? Потребан је опет један такав претор, не да би убијао вернике и невине, него да очисти Ефес од заразе. Сви ти зеленаши, и подводачи, и користољубиви лажљивци, и прости псовачи, и лопови, и убице, крштени су у име

Христово. Иду у храмове и моле се и славе Господа Бога, што их је начинио хришћанима. Поново мораш дуго да трагаш да би нашао човека.

— Увек ћете дуго морати да трагате за човеком, одговорио је Константин. Каква је топлина, каква лепота беше у радионици оца Инокентија! Тај спокој и вера. Та велика љубав!

Младићи су устали, окупили се код прозора. Био је ту један високи прозор, висок и широк, да несметано посматраш небо и град, и брежуљке и околна поља. Одоздо је долазила бука окупљеног народа, који се шетао по плочницима и улицама, који је брбљао без циља. Ах! Кад би се тај народ разишао, да се испразне улице, да се град смири! Да се поново чује лист који покреће вечерњи ветрић, да се чују вечне звезде, ход звезда из даљине, како се померају у простору! Ах, колика је туга све то! Колики умор, колика досада!

14.
СМРТ, СЕСТРА БЛИЗНАКИЊА СНА

Ни те ноћи нису могли да се смире. Дошла је рана зора и затекла седморицу младића у размишљању којим путем да пођу. Очајни, уморни, исцрпљени. У туђем свету, у свету непознатог лица. Почивали су, нису говорили. Осећали су да им нестаје снага, да ишчезава. Дошао је Марин. Изгледао је веома расположено.

– Ноћас је, у поноћ, из Персије стигао велики караван, са драгоценим даровима, рекао је. Дао сам наређење да их доведу касније. То су богати људи, учени и добрнамерни. Желе да сазнају о животу и смрти.

– Не знамо ми ништа о животу и смрти, рекли су младићи углас. Муче нас, сви они нас муче, и ти нас мучиш, ништа ми не знамо! Немамо тело, наша душа је поспана. Желимо да се поново нађемо у пећини, да поново легнемо. Желимо смрт.

– Немате више никакве везе са смрћу, одговорио је Марин. То место, што се зове смрт, певазишли сте; сада се налазите с оне стране смрти.

Младићи су се, док су слушали Марина, свом душом потресли.

– Жедни смо смрти, рекли су. Као Лазар. Тако је и он био жедан смрти и зато је поново ушао у свој гроб и упокојио се. Желимо исту такву срећу. Помолићемо се Христу да нас поново узме к себи.

– Није поштено да не примимо те вернике који су дуго путовали кроз висока персијска поља, рекао је Марин. То су људи са богатством и мудрошћу.

— Нашој души се спава! поновили су младићи. Ако не постоји доброта, мудрост је бескорисна. Можда је доброта једина мудрост.

— Пођите са мном, рекао је Јамблих. Вратимо се у пећину!

Устали су, сишли, остављајући за собом двор и пролазећи кроз окупљани народ кренули су пут пећине. За њима је пошао и народ. И епископ Марин и епарх и Персијанци с караваном и камилама. Дан је био веома топао и град је сав блистао, младићи су корачали напред и сви су ћутали не знајући шта да кажу, не знајући, осим епископа Марина, због чега је седморици младића био неопходан тај пут по сунцу. И стигли су у пећину. Јамблих је први стао испред улаза, подигао је очи и тужно погледао сав тај народ који је ћутао, и помислио је каква туга и какав умор чека човека кроз векове, бескрајне векове. Затим се спустио и увукао у пећину. Преостала шесторица учинила су исто. А последњи, Дионисије, узвикујући на сав глас, позвао је Марина да великим каменом затвори улаз. Тада је окупљени народ схватио да то није био чин без значења. И пали су сви на колена и повикали тако гласно да су горе одјекнуле. Чинило се као да је свет опустошен, као да су сви одједном заувек постали сирочад. И када их је народ наглас оплакао, почео је полако да се враћа у Ефес. Дошла је ноћ и поново дан, и сви они који су много туговали, вратили су се поново до пећине, ослушкивали су, али ништа нису чули. Дошао је и епископ Марин. Звао их је и звао, али одговор није добијао. Седмице и месеци стали су да се обавијају око вретена времена. Ефес се одморио, а гласници су почели да иду од краја до краја, од места до места, тврдећи како сва та прича није била истинита, већ да је подневни дух, подругљив и зао, одузео људима разум. А после много година, козари, који су наумили да усред лета уведу стада у пећину, одгурнули су велики камен и разоткрили отвор. Док су то радили, завирили су погледом унутра и видели беле кости како сијају као да су саздане од светлости, и изборојивши их, сетили су се седморице уснулих ефеских младића. Сишли су у град и испричали шта су видели. Отада је то место постало место спасења.

БЕЛЕШКА О ПИСЦУ

И. М. Панајотопуло рођен је октобра 1901. године у Етолику, где је живео са својом породицом све до 1910. године када су се преселили у Атину. По завршетку студија на Филозофском факултету Атинског универзитета почео је да ради као професор у приватној школи а касније као директор школске установе. Веома рано је развио значајну активност у књижевним круговима негујући све књижевне жанрове. Писао је песме, приповетке, романе, есеје и путописе. Од 1920. године почиње да сарађује са многим часописима као што су „Муза", „Неа грамата", „Неа зои", „Неа естиа" и др. Био је један од главних сарадника *Велике грчке енциклопедије*. Пуних тридесет година је био члан савета Националне галерије, шеснаест година професор Школског центра (Дидаскалион) за средње образовање и члан Образовног клуба „Атинеон". Дуги низ година је био члан Управног одбора Националног позоришта и неко време је био председник Уметничког одбора те институције. После 1974. године био је министар за науку и културу, и председник Управног одбора Грчке радиотелевизије. Много његових дела је доживело више издања и превода на многе стране језике. Добио је бројне награде и признања за своја дела. За његов допринос грчкој књижевности додељена му је титула почасног професора Филозофског факултета Атинског универзитета.
Умро је 17. априла 1982.

САДРЖАЈ

Ксенија Марицки Гађански: *Грчки хоризонти и људска жеђ И. М. Панајотопула (1901–1982)* 5

СЕДАМ УСНУЛИХ МЛАДИЋА

1. Прича, која почиње и завршава се у Ефесу 17
2. Време крви 20
3. Младић, један од седморице, по имену Јамблих 24
4. Један од седморице младића по имену Константин .. 57
5. Близанци Максимилијан и Мартинијан 76
6. Кратка прича о Антонину 91
7. Дионисије и Ексакустодијан, последњи 109
8. Кад постаје јасно да не можеш да будеш војник Христа и војник Рима 122
9. „По планинама, у пећинама и у рупама земље" 150
10. Интермецо сна 176
11. Сан, брат смрти 180
12. Седам уснулих младића се буди 191
13. Поспаност душе 214
14. Смрт, сестра близнакиња сна 219

Белешка о писцу 223

И. М. Панајотопуло
СЕДАМ УСНУЛИХ МЛАДИЋА

*

Главни уредник
НОВИЦА ТАДИЋ

*

Издавач
ИП РАД
Београд, Дечанска 12

*

Лектор и коректор
МИОРСЛАВА СТОЈКОВИЋ

*

За издавача
СИМОН СИМОНОВИЋ

*

Штампа
СГР ЖИГ, Београд

Тираж 500

CIP – Каталогизација у публикацији
Народна библиотека Србије, Београд

821.14'06-31
821.14'06.09-3 Панајотопуло И. М.

ПАНАЈОТОПУЛО, Јани Михали
    Седам уснулих младића : роман / И. М. [Јани Михали] Панајо-
топуло ; [са грчког превеле Ники Радуловић, Ифигенија Радуловић].
– Београд : Рад, 2005 (Београд : СГР ЖИГ). – 225 стр. ; 21 cm. –
(Библиотека Хиперион)

Превод дела: Та ефта коимисмена паидиа. – Тираж 500. – Стр. 5–10:
Грчки хоризонти и људска жеђ И. М. Панајотопула (1901–1982) /
Ксенија Марицки Гађански. – Белешка о писцу: стр. 223.

ISBN 86-09-00878-9

а) Панајотопуло, Јани Михали (1901–1982)

COBISS.SR-ID 123207948